65点の君が好き

弱虫先生の日記帳

加藤久雄
小学校教諭

風雲舎

カバーイラスト……………山本　重也
カバー装幀………………山口真理子

1・新米教師

65点の君が好き

「ガシャピーン、パリパリ……」

すさまじい音がした。思わず振り返った目に飛び込んできたのは、所在なさげに立ちすくむ二人の男の子だった。

正式に県に採用された新米教師三年目。掃除中の出来事だった。やんちゃな五年男子二人が、ほうきで、ふざけっこをして窓ガラスをたたき割ってしまった。

「お前たち、何やってんだ！」

とどなる僕に、子ども達はうつむいたままだった。僕は、カッカしながらガラスを片づける。今なら、第一声は当然「ケガはないか」だが、当時の僕は、そんな「命を育てる優先順位」を持っていなかった。

片づけ終わったところで、二人を連れて校長室に行く。

「校長先生、本当にすみませんでした。僕の指導がいたらないせいで……」

二人の教え子と一緒に頭を下げる僕は本当にそう思っていたのだろうか。この二人のせいで、やっかいなことになったと思ってはいなかっただろうか。

学校長は、二人をピシッと叱った。そして、

「とにかく、ケガがなくてよかった。二度と同じ失敗をするんじゃない。君たちの命は、君たちだけのものじゃないんだよ。わかったら、もう教室に戻りなさい」

そう言って、校長室のドアを見た。

僕ら三人は、頭を下げて、ドアに向かった。すると、

「あ、加藤先生。ちょっと残ってください」

学校長から声をかけられた。

（叱られるんだな。そりゃ、そうだな。僕の責任だと思われて当然だよな……）

僕は子ども達を先に帰し、ふたたび校長室のソファーに座った。謝らなきゃ、そう思った僕は、

「すみませんでした。今後、このようなことがないように……」

次の言葉を笑顔でさえぎった校長先生の口から、思わぬ言葉が出た。

「あっははは。加藤さん。何を言ってるんだい。俺に謝る必要なんてないんだよ。いい

かい。よく覚えておきなよ。この学校のガラス一枚、校庭の砂粒一つ、これはすべて子ども達のためにあるんだよ。これを使って、俺たちは、子どもを教育する。人として何が正しくて、何が間違えているのか。この学校にあるものすべてが、子ども達の教材なんだよ。ケガがなくて本当によかった。あの子たちは、これで、こうすればこんな大変なことになるということを学んだだろう。だからこれでいいんだ。子どもは、失敗する生き物だ」

僕は、目の前で笑っている校長先生が、ぼやけてきた。涙があふれてきた。

これまで気づかなかったけれど、自分を育ててくれたかつての先生たちもそんな思いでいてくれたのかもしれない。怖くて大嫌いだった先生も、優しくて大好きだった先生も、失敗ばかりしていた僕を疎《うと》ましく思っていたのではなく、「失敗する生き物なんだから、それでいいんだよ。そこから学ぶんだよ」と僕の知らないところで、励ましてくれていたのかもしれない。

そう思ったら、涙が止まらなくなった。

(そうか。そうなんだ。教員というのは、そんなふうに子ども達を見ていく仕事なんだ)

なりたかった仕事に就いて三年以上が過ぎていた。その間、見ること聞くことすべてが初めてで、夢中で働いてきた。教育者としての本質なんて、考える余裕もなかった。しかし、このとき僕は初めてこの仕事の本当の扉が開いた気がした。

人は、腹の底からの「気づき」で変わる。

僕の「気づき」はあのときの校長先生のおかげだが、後になって振り返ると、なぜ自分は涙を流すほど感動したのかと不思議に思う。そして、何度もそのことを考えてみた。すると、そこには、もうとっくに忘れてしまっていた自分の過去のエピソードが、まるで織物を編むように縦に横に繰り広げられ、それらが重なり、今の自分を育ててくれていた。無駄なことなど一つもない。たくさんの人たちの、目に見える、そして見えない支えがあった。

教員になるまでのささやかな日常のエピソードにも宝石の時間があった。「気づき」を得られたその後の教員人生においても、かけがえのない命との出会いがあった。失敗ばかりの人生だけど、生まれてきてよかったなあと心から思う。それは、まだまだこれからも続く。

よろしかったらこれから少し間、僕のプライベートな時間を遡《さかのぼ》る旅にご一緒してくださいませんか。もしかすると、あなたが気に入ってくれるエピソードがあるかもしれません。教え子たちにも親たちにも、同業の先生たちにも、この本を手にとってくださったあなたにも、伝わるといいなあ、「この世の中が目に見えない善意に満ちていること」が。

2・初めての通知表

「かあちゃん、これ」

生まれて初めてもらった通知表とやらを、わけもわからずさし出す一年生の僕。

整理整頓が本当にだめで、もらいたての通知表すらすでに端に折り目がついている。ランドセルに無理矢理ねじこんだのだろう。

「どれどれ、えーと」

母がそれを開く。

自分では、良いのか悪いのかもわからない。唯一、母の表情だけが手がかりだ。うかがうように母の顔をそっと見る。

その表情が一瞬、きりっとした後、じわっとその目に涙が湧いたのが見えた。母は本当に安心したように息を吐いて、笑顔になった。

「久雄ちゃん、あんたすごいわ。だって、『ふつう』があるもの」

その一言を聞いて、僕は心から安堵した。

でも考えてみれば、いったいなんという期待値の低さだろう。その後、自分がたくさんの通知表を書くようになってハッキリわかるが、一年生のときのこの通知表の成績は、そうとうひどいものだった。三十年近い教員生活の中で、年二回から三回の通知表を一クラス三十五人の子に書いたとして、三千回近くになる。その中でも、こんなレベルのものを書いたことはほとんど記憶にない。

そんな通知表を前に満面の笑みで息子をたたえる母親と、「そうか、かあちゃんが泣くほど、そんなにボクはすごいんだ」と思う倅《せがれ》。この二人の幸せな勘違いのおかげで、僕は、かなりポジティブで自由な小学生時代を送ることができた。「勉強しなさい」と両親から言われた記憶はない。「だめな子だねえ」と言われた記憶もない。

実は僕は未熟児で生まれ、すぐに肺炎にかかり、明日をもわからない状態が続いた。それから先もすべての成長がふつうより遅かった。おねしょがなくなったのも、自転車に乗れたのも、泳げるようになったのも中学一年のときだった。身長は常に前から一番。

高校一年のときに百四十五センチだった。

「久雄ちゃん、あなたは大器晩成なのだから」

「山椒は小粒でもピリリと辛い」

この言葉が母の得意のフレーズだった。何千回聞いたかわからない。

学校では当たり前の光景の集合整列「前へならえ」は、手を腰に当てる仕草しかしたことがなかった。一度でいいから、後ろの子たちみたいにかっこよく、二本の腕をピンと前に突き出したかった。

母は、ちゃんと大人まで育つのか本当に心配したらしい。だから、「ふつう」は母にとって、金メダルにも等しいものだったに違いない。

「人が人を数字で評価できるわけがない」

僕が教員になった年のこと。小学校時代に教わり、同じ職員室で仕事をすることになったベテランの先生がそう言った。確かにそのとおりだ。しかし、教育現場では、数字で評価をすることがかなり多い。世界の教育事情を見渡すと、数字からの脱却をはかろうとする教育体系もあるが、数字という一見客観的なものの持つ説得力を利用することの便利さから、よく使われる。

それでも教員たちは、その矛盾も感じつつ、できる限りの思いを伝えようとしている。数字の評価の他に「所見」という先生のコメントがある。そこには、子ども達への思いを精一杯込める。学習の成績にも、行動の評価にも反映できないが、人として、その子のすばらしい魅力も認めてやりたい。

「ユミちゃんは、進んでリーダーシップをとるタイプではありません。しかし、その誠実な人柄によって、たくさんの友達から慕われています。そんな良さをこれからも大切に育てていってください」

「ユウタくんの周りは、いつも笑顔であふれています。周りの人たちを楽しい気持ちにするクラスのムードメーカーです。ユウタくんはこのクラスになくてはならない存在です」

そんなコメントを生み出すのに、ときには数時間もかかる。リーダーシップの積極性は行動の評価にあるが、ユーモアのセンスは評価にない。でも、冬山で遭難したとき、会社が危なくなったとき、人を明るく楽しませる力は、リーダーシップと同じくらい人を勇気づける魅力的な人間性だ。

本当によくがんばったけれど、あと少しで、Aにならない子。そんな子もたくさんいる。今は、コンピューターで通知表を作るからできないけど、昔は○のハンコだったので、

ＡＢＣ評価の三つの枠のうち、Ｂ枠の中のＡ枠寄りにハンコを押した。成績の規準は学年で決められるので、それを逸脱することはできない。でも、もしかしたら、Ａに見間違ってくれないかな、（そんなはずもないだろうけど）と思いながら○を押した。

親には、その意味がわからなかったかもしれない。でも、持久走大会で走り続けるその子の必死の顔が浮かぶと、わからない算数の問題をずっとずっと考え続けて、やっと解けたときのその子の笑顔が浮かび、Ａをやりたいのにやれなくて、切なくて、そうせずにはいられなかった。


ほめるほうはまだいい。難しいのは、叱るほうだ。子ども達にとって、通知表に書かれている自分の短所を克服するのは、おそろしく大変なことだ。それをはっきり書いてよいものかどうか。あの子やあの親なら、どんなとらえ方をするのか。それを間違うと、逆効果になる。どんな表現が、あの家庭には真っ直ぐ通ってくれるのか。自分の見方は本当に客観的に正しいのか。見極《きわ》めるのはとても難しい。

僕の初めての通知表は母親に渡るまでに、すでに折れ曲がっていたが、本当に整理整頓が苦手だった。

今、小学校二年生のときの通知表が手もとにあるが、「行動のようす」の中の基本的な習慣「せいけつ、せいとんに注意する」の項目は、見事に一、二、三学期すべてに×がついている。行動の様子のコメントには、「身の周りの整理整頓ができるように気をつけさせてください」と書かれている。二学期のコメントには、「今学期は、かさ係として、雨の日のかさの整理整頓を積極的にやり、立派でした。反面、自分の机の中の整頓となると、注意ができずに乱雑でした」とある。

この先生は、直球である。教員は、所見を書くときに、ズバッとほんとのことを書いて伝えるか、変化球でさりげなく伝えるか、いろいろと工夫をする。昔は、直球が流行っていた。今は、親も子ども達も傷つきやすいので、変化球が流行っている。どちらが、親子に「育ち」への希望を持たせるのによいかは、ケースバイケースである。

直球勝負の担任の先生も、僕のだらしなさには、そうとう参っていたらしい。もっと参っていたのは、「気をつけさせてください」と言われた親だった。人の個性は、気をつけたぐらいで消えはしない。その一生に渡って、叩いても叩いても頭を持ち上げるのが個性だ。

それにしても、二年生の僕にいったい何があったのだろう。どう勘違いして、最も苦手とする整理整頓の係をえらんでしまったのか。

あのねえ、自分のだらしなさを鍛《きた》え直そうとしたのならえらいけど、人の短所はそんな簡単になくなりはしないのだよ、久雄くん。

大人になり、教員になり、子どもを指導する側になった僕は、どうなったのか。

今でも、整理整頓は苦手だ。武道を学びはじめてから三十年。日々の一瞬一瞬をできるだけ丁寧に生活しようと自分に言い聞かせている。だから、昔よりはずっと良くなっている気がする。でも、やっぱり忙しくなると短所が顔を出す。

今の僕はそれでいいと思っている。それは、やっぱり大人なのだから、短所を見つけたら、最低限の努力でカバーしようとする。しかし、これは楽しくない。もっと大切なのは、長所を伸ばす努力をすることだ。すると不思議なことに人に迷惑をかける短所は、チャームポイントに変化していくのだ。

たとえば、仕事が立て込んでくると、僕の机の上が書類で山になる。

あるとき、その机の上の富士山が限界を超え、隣の先生めがけて、くずれた。

隣の先生の鉛筆立てをなぎ倒し、お茶をこぼし、床に書類をまきちらした。

「きゃーっ」

悲鳴があがる。

「うわ。ごめんなさい。ごめんなさい」

大急ぎで台ふきをとりに走る。

はた迷惑なやつである。

それなのに隣の先生はふくのを手伝ってくれ、ニコッと笑って、こう言った。

「加藤先生にもそういうところがあるの、ホッとします」

なんとも魂の磨かれた先生ではないか。いい人だなあ。

自分で言うのも厚かましいが、これが、短所をチャームポイントに変えるというやつである。なぜ、その先生はそう言ってくれたのか。

それは、僕の日常を知っているからである。出勤印を押し忘れ、隣の先生になだれを起こす。それでも許してくれるのは、僕が休み時間も取らずに自分のクラスだけでなく、学校中の子ども達に、カウンセリングをやり続けているからだと思う。家に帰ってからも深夜まで、全国の不登校の親や子ども達の相談にのっているのをご存じだからだと思う。

自分が百点満点の教員でないことは、十分承知している。だからといって、山ほどある短所を一つ一つなくし、百点を目指した努力などできるはずもない。僕にできるのは、自分が欠けていることを自覚して、せめて、自分の得意の分野で、他の人のために、手がちぎれる限界まで、手を伸ばし続けることだけだ。

同僚がよく言う。

「加藤さん、いったい、いつ寝てるの？」

「土日も山小屋でカウンセリングじゃ、自分の時間なんてないじゃない。すごいよ」

そんなことを言ってくれる同僚の机は、ピシッと片づいていて、僕が、

「先生、この前の会議の要項ある？」

なんて聞くと、五秒後には、

「はい、これ」

と出てくる。

神業《かみわざ》だ。だからこそ、僕は、みんなに追いつくために、みんなからの恩を少しでも返すために、得手《えて》の部分を伸ばし続ける。それで、やっとトントンなのである。

その努力は、みんながさりげなく見てくれている。そのみんなにも、そういうところがそれぞれある。

だからこそ、「加藤さん、しょうがないなあ。でも、許してやろう」となるのだと思っ

ている。

悪い通知表をもらって、がっくりきている子たち。大丈夫なんだよ。もちろん、友達に迷惑をかける短所は、ゆっくり変える努力が必要だ。でも、それ以上に、大きな長所が必ずある。その長所を見つけて、伸ばすんだ。

得手を伸ばせば、不得手は、チャームポイントになる。

そんなことを魂の磨かれた同僚から教えてもらった。


「人が人を数字で評価できるわけがない」

確かにそうだけど、その評価に、子ども達への愛情が込められていたら、わずかな進歩でも一緒に喜ぼうとするスタンスがあったら、短所までもかわいいと思う心の余裕があったら、その子や親に勇気を与える力になってくれるかもしれない。そしてその勇気が、その子にしかない長所を大きく伸ばす力になるかもしれない。

その昔、僕ら親子が、大きな、だけどとても幸せな勘違いをしたようなことも起こるかもしれない。

そう信じて、教員は、明け方まで眠い眼をこすりながら、通知表を書く。

3・春雨のミイラ

「加藤くん、もう少しだからね。がんばって！」

「むうっ。うぐっ」

　小学校二年生の僕は、入学以来最大のピンチをむかえていた。

　みんなが楽しみにしている給食の時間。通知表の「ふつう」がときどきあるような僕はもちろん授業より給食が楽しみだった。しかし、今日は違った。この日のメニューは、僕の天敵、春雨《はるさめ》サラダだった。

　春雨サラダ。それはいったい何というしろものなんだろう。胃液みたいな酸っぱいスープの中に、にゅるにゅるした春雨がおぼれている。口に入れると、かまないうちから、食道にすべりこもうとする厚かましさ。家で食べたことがなかったので、この食感にはほとほと参った。

「加藤くん、もう少しよ。がんばって」

口は優しいが、食べ残しを決して許してくれない僕の先生。もう昼休みだというのに、ピッタリ僕のそばについて離れない。僕の小学校時代、戦後の匂いがまだうっすらと漂《ただよ》っているこの時代、給食は、絶対残してはならないものだった。

「あと、一口だけ食べてごらん」

だからといって、あと一口で許されるわけもなく、この窮地からどうやったら脱出できるのか、僕は、幼い頭で真剣に考え続けた。

「やれば、できるわよ」

やれば、できる。大人の常套句《じょうとうく》だ。確かに本気でやってできることは多い。しかし、どうやったらそのやる気が出るのかは、誰も教えてくれない。

そのときだった。

先生が教卓の後ろの棚に向かって歩き出した。そこには先生愛用の果物ナイフが入っていた。リンゴの皮が食べられない子がいると、先生はナイフをとりだして皮をむいてやった。良い先生だったのだ。もしかすると春雨を小さく食べやすくしてくれようとしたのかもしれない。

しかし、そんな先生の思いやりとは別に、今や命がけで春雨サラダと戦っている僕がその瞬間を見逃すはずもなかった。

ふだん、のろまな僕の指は、電光石火の早業で、皿をつかみ、机の横にかけてあるランドセルのカバーを開け、その中に春雨サラダをたたき込んだ。

そして、加藤久雄一世一代の芝居を打つ。

「うぐ。モグモグモグ……」

空の口を動かしての迫真の演技。

「えらい。加藤くん。よくがんばったね」

僕の小さな胸は、罪悪感と達成感という小学二年生としては、あまりに大人びた感情でいっぱいだった。

ようやく給食から解放された僕は、おくればせながら、昼休みのドッジボールに加わった。立ち直りが早いのは、昔も今も子どもの特権である。

学校が終わる頃には、すっかり給食のことは忘れてしまった。

家に帰ると、玄関にランドセルを放り出して、ワクワクしながら友達の家に遊びに行った。だって、アキちゃんが前橋の池で捕まえたゲンゴロウを見せてくれる約束だったから。

数週間後、いつものようにだらしのない僕のランドセルから学校のお便りを見つけようとしていた母が悲鳴を上げた。

「きゃあ、これ、何なの?」

そのとき初めて僕は、命がけの給食のことを思い出した。

春雨のサラダは、ランドセルの上の段の奥に見事に収まっていて、完全にミイラ化していた。このときばかりは、母は鬼の形相になって、

「久雄ちゃん、いい加減にしなさいよ」

と言いながら、ぞうきんでぐいぐいとこすり取っていた。それでも、狭い上段奥の数本の春雨のミイラは、母の攻撃をかいくぐり、ずっとへばりついたままだった。彼らは、僕の卒業までの四年半、学校生活を共にした。

「食べる」という行動には、大きな学びがたくさんある。

僕の知人で、東京の小学校の教員をやっている人がいる。彼が、「ある親が学校の給食で、みんなでいただきます、ごちそうさまというのをやめさせてくれ。給食費は親が払っているのだから、親のいないところで、みんなに強制してそんなこと言わせないでほしい

と言うんだ。どうしたらいいんだろう？」と言っていたことがある。

僕はその話を聞いて、ここまでこの国はおかしくなってしまったのかと唖然《あぜん》とした。その親と担任の間に、何があったのかわからない。もしかしたら、ふだんから親と担任との心の行き違いがあって、ダダをこねただけかもしれない。

しかし、もし、これを本気で言っているのだとしたら……。

「いただきます」「ごちそうさま」は、給食費を出している親だけに向かって言っている言葉ではない。子ども達のことを思って、暑い中、細心の注意を払って給食を作ってくれている給食技師さんや栄養士さん。こうして元気で給食を食べることができる平和な環境。そして、何よりも、子ども達の給食のために、命をくれた動物や植物たちに向かって感謝を伝える言葉だ。

僕らの体は、他の命でできている。給食は命のかたまりだ。だから、食べるときは、感謝を込めていただいて、無駄にしない。それは、子ども達に「人としてよりよく生きる」意味を伝えることとつながっていると思う。

命のかたまりの春雨サラダをランドセルにたたき込んだどうしようもない子どもでも、それなりの人生経験をして、そんな気持ちにたどり着いた。

だから、僕はクラスの子ども達に話す。

「そのサバのみそ煮が海を泳いでいるのを見たことがあるかい」

するとと子ども達は、どっと笑う。

「ない、ない」

「そうでしょ。そのみそ煮になったサバだって、元気に海を泳いでいたんだ。でも、君たちのために命をくれて、こうして給食になっている。動物は、他の命をもらって生きていく生き物だ。だからそれは仕方がない。君たちがおいしく食べれば、サバの命は君たちに引き継がれる。でも、もし君たちがこれを残せば、この魚の命は無駄になる。この魚はゴミになるために生まれてきたのではないんだよ。だから、残さず食べようよ」

「はーい」

子ども達は、元気にうなずいてくれる。でもよく見ると、ちょっと困ったような子もいる。そうだよね。春雨のミイラを経験している僕にはその気持ちはよくわかる。

「でもさ、どうしても苦手な食べ物だってあるよね。それは、わかるよ。だから、どうしても食べられないものは、いただきますの後に、食べられるだけ取って、残りを食缶に戻そう。手をつけたらゴミ。戻せば、みんなの命になる。残ったものは、みんなで一口運動して、クラスとしてはいつも完食しよう」

「はい」

こんどこそ、力強く全員がうなずいてくれる。

一口運動とは、食べ物を無駄にしないために、みんなで食べられる分だけおかわりすることである。ものすごく大きな一口もあるし、キュウリ一切れの一口もある。無理をしないで、自分で決める。大切なことは、クラスのみんなが協力して食べ、食について考えることだ。

その後、子ども達は給食をまったく残さなくなった。そして、不思議なことに欠席が減るのだ。そして、朝の会の歌の声が大きくなる。生きる力はみな連動しているように感じる。これは命の本質を知るために大切な学級指導だと思う。

新任の頃、京子先生というとても素敵なベテラン先生がいた。いつも背筋がピンとしていて、彼女の姿勢には芯《しん》が感じられた。「凜《りん》」としているとはこういうことだと思った。

京子先生が、言った。

「戦後、私が中学生の頃ね、ご飯をよそるお手伝いをしているときいつも、食卓にご飯を出しながら、盛りっきりです。というのが口癖だった。食べるものなんてろくにないから。みんなのお弁当をつめていても、いつもスカスカにご飯をお弁当箱に入れて、真ん中に赤い梅干しを一個入れて、できあがりなの。それがあるとき、本当に珍しく、ご飯がすこしだけ余ったの。そこで、小さな弟のお弁当のご飯をふやしてやろうと手に取ったら、弟がいきなり、そのお弁当箱をつかんで、ピューって走り出して、山の上まで逃げていったの。いつも、減らされているから、またそうされると思ったのね。たまらなかった。切なかったわ」

時代は、本当に変わった。

給食が山ほど残る学校の中で、子ども達に食べ物の大切さを言って聞かせ、全部食べたら、ほめて回る。

今日のテレビニュースで、「日本はまた今年も、食料自給率が四〇％を切った」と報道している。外国から大量の食料を輸入して、余らせてはゴミとして捨てている。

でも、そんな矛盾も、切なさや、つらさも一緒に心にのせて、僕らは、食べるとはどういうことなのかを子ども達に伝え続けなくてはならないと思う。

食べるということは、生きるということだから。

ちなみに、今の僕は、春雨サラダが好物である。好んで注文するほどではないが、とてもおいしいと感じる。食欲をそそるあの酸味のきいたスープの中で、上品によこたわる優しい春雨。目にもあざやかな細切りキュウリがアクセントをそえる。そして、あの癖のない喉ごしは最高だ。

時代も変わったが、僕も変わった。

4・モトちゃんが消えた

「……というわけで、一年生から六年生までで構成される児童のグループ、『縦割り班』を作って、朝の集会のときにゲームなどの活動をするようにしたいと思うのですが、いかがでしょうか。先生方のご意見をいただければと思います」

僕がまだ若手教員と呼ばれていた頃の職員会議の一コマだ。

僕はそのとき特別活動（クラブ、委員会、代表委員会、集会行事などの活動）の主任をやっていた。比較的若い先生が担当することが多い役であり、なんといってもフットワークが必要な校務分掌《ぶんしょう》だった。

子ども達は、休み時間も放課後も、同学年の子たちと遊ぶことがほとんどだ。縦の人間関係が失われて、小さい子を守ったり、大きい子からいろいろなことを教わったりすることがなくなっていた。年の離れた子の気持ちがうまくとらえられず、登校班でもトラブルが起こる。

子ども達の人間関係の幅を広げ、この状態を解決しようと導入されたのが、人工的、意図的に一年生から六年生までが入ったグループを作って、遊んだり、清掃をしたりする縦割り班活動だ。

次々に他校が縦割り班活動を取り入れるなかで、当時二十代だった僕は、提案しながら迷い続けていた。こんなことで子ども達は大きく変わるのだろうか。やらないよりはやったほうがいいに決まっている。でも、自然発生した遊びのグループと比べて、大切な何かが抜けているのではないだろうか。僕よりさらにベテランの先生方は、もっと違和感を感じていたに違いない。

だって、僕らが子どものときには、モトちゃんがいたから。

「ねえねえ、今日は、何して遊ぶの？」

とワクワクしながら聞く二年生の僕。

「ようし。今日は、国道354号線な」

と答えるモトちゃん。

「やったー」

「わーい」

「さすが、モトちゃん」

口々に叫ぶみんな。

モトちゃんとは僕の近所一帯をたばねていたガキ大将である。

モトちゃんは抜群の才能で、僕らの社会に君臨していた。放課後、僕らはいつも、「遊園地」と呼んでいた公園に集合した。およその顔ぶれがそろったところで、モトちゃんがその日行なう遊びを発表した。

国道354号線とは、遊園地いっぱいにグネグネ曲がった道を足でかいて、そこを全力で駆け抜ける遊びだった。ただ、駆け抜けるだけでなく、ところどころにオニがいて、彼らが腕をつかんだり、体当たりしてきて、354号線の外に引っ張り出す。引っ張り出された者がオニになるという荒っぽいゲームだった。

ポピュラーなかくれんぼや缶けり、メンコのほかに、どろダンゴ合戦や、銀玉鉄砲大会、砂の街建設、グライダー対決、自転車レースにタコ遊園地大冒険など、ありとあらゆる遊びをその場で創り出した。ルールや組み分けもモトちゃんがその場で決めた。そのルールは、同学年同士には公平で、小さい子への配慮があった。そして、今思えば、ちょっとだけ、モトちゃんに有利だった。

たとえば、石けりでは、小さい子は石を選べるが、大きい子には、モトちゃんが大きい石を選んだ。そのルールでは、地面に足で描いた石けりの枠に、石が完全に入らないと成功したことにならなかったから、大きい石より小さい石のほうが、枠の中に入りやすくて有利とされていたからだ。

モトちゃん自身は、大きい石の中でも、ちょっと小ぶりな石を選んでいた。でも、だれも文句を言わなかった。

そんなことよりも、僕らは、今度はモトちゃんがどんな遊びを創りだしてくれるのか、いつもワクワクしていた。そして多くの場合、モトちゃんがチャンピオンになった。

低学年の僕らには、それがまるで魔法のように見えた。心から尊敬していた。

あるとき、どろダンゴ合戦をしようということになった。

二人ずつペアになって、どろダンゴを作り、つやつやに仕上げる。後攻チームは、そのダンゴをコンクリートの平らな場所に置き、先攻チームは、自分のどろダンゴを親指とひとさし指でつまみあげて、相手のどろダンゴめがけて、ねらいをつけて落とす。ねらいを外せば、丹精込めて作った自分のどろダンゴが、コンクリートにたたきつけられ粉々に壊れる。

相手のダンゴに当たれば、完成度の低いダンゴが割れ、完成度の高いダンゴが生き残る。指を放す瞬間は、緊張で胸が高鳴った。僕自身は、あまり勝ち負けにこだわる子ではなかった。負けてがっかりする子がかわいそうで、ゲームもわざと負けるような、からきし意気地のない子だった。

しかし、一時間もかけて、自分の顔も写ろうかというほどツヤツヤになったダンゴが、一瞬で粉々になるのはさすがにつらく、幼い胸に人生の悲哀を感じた。

ある日、僕はモトちゃんと組んだ。それぞれのチームが仕上がったら、闘技場（ただの公園の砂場だけど）集合となった。

「ちゃおちゃん、ちょっと来いよ」

　モトちゃんが僕を呼んだ。

　モトちゃんは、すぐ横の小学校体育館の裏に僕を連れていった。

「モトちゃん、何してるん？」

「ちょっと、待ってろ」

　体育館の縁の下にもぐってごそごそやっていたモトちゃんは、間もなく何かをつかんで、戻ってきた。

「ちゃおちゃん、絶対ほかのやつに話すなよ」

「うん。それ、何？」

「これは、レンガだ。おれが隠しといたんだ。これをこうやって、ここにこすりつけて、粉にするだろ。それを、どろダンゴに混ぜるんだ。すると、ものすごくかたくなる」

「えっ」

　僕はすっかり感心した。（そうか、そうだったんだ。だから、モトちゃんのどろダンゴはいつも最後まで割れなかったんだ……）

「だってさ、ちゃおちゃん、レンガって、どろダンゴより全然かたいだろ」

僕は、その説を完全に信じた。

「でも、絶対、他のやつに話すなよ。秘密だぞ。みんながまねしたら、強さが一緒になっちゃうからな」

「わ、わかった」

僕は唾《つば》をのんだ。（大変な秘密を知ってしまった。そして、これはどんな仲良しにも話すことができない秘密なんだ）

その四十年後、活人術の師匠から、僕はある奥義を授かることができたが、そのときぐらい緊張した。

当然、自信に満ちた僕のどろダンゴは、次々と強敵を撃破し、その日の優勝をかっさらった。

モトちゃんはすべての遊びに対して、そうした一種のコツというか、ジンクスというか、信念というか、とにかく、相手を説得する何かを持っていた。

今の僕は素直さをだいぶ失い、レンガ最強説を信じることは差し控えているが、あのときの僕は、全身全霊で信じて、結果を出した。

心理学では、患者さんにとても有効な薬と信じ込ませて、ただの小麦粉を飲ませて治療効果が上がることを、「プラシーボ効果」というが、モトちゃんは、プラシーボ効果をつくり出す天才だった。

また、あるときのどろダンゴ合戦では、ケンちゃんのツヤツヤどろダンゴに、モトちゃんは、苦戦を強いられた。

ケンちゃんの見事に固められたどろダンゴが、モトちゃんの大きなダンゴを襲い、ぱかんとまっぷたつに割った。

「モトちゃんが、負けた！」

みんなに衝撃が走った。

「ケンちゃん、すげえ」

みんながケンちゃんをほめはじめたとき、

「ちょっと、待った」

とモトちゃんの声がした。

「おい、よく見てみろよ」

にやりと笑ったモトちゃんの指さした所を見て、僕らは、

「あ～。なんだこれ」

と声をあげた。

それは、割れたどろダンゴの中から出てきた小さなツヤツヤのどろダンゴだった。

モトちゃんは、二重のどろダンゴを作っていたのだ。

誰も思いつかなかったことなので、みんなは本当に感心した。

その後、しばらくは、二重のどろダンゴが流行った。なかには、三重にして、ボロボロと壊れてしまう子もいた。こういうのを策におぼれるというのだろう。

モトちゃんは、こうしたみんなをあっといわせるアイディアで、ガキ大将の地位を不動なものにしていった。


毎日楽しみにしていたモトちゃんの遊びだったが、一つだけ、いやな遊びがあった。自転車レースだった。「国道354号線遊び」の道を使っての自転車レースだ。みんな自慢の自転車で、公園をぐるぐる回る。片手離しや両手離しができる子もいて、かっこよかった。急ブレーキをかけて、すべって止まる技ができる子もいた。みんなとても楽しそうだった。

なのに……僕は、このレースが大きらいだった。僕は自転車に乗れなかったから。

自転車レースに決まると、僕は、家から三輪車を持ってきた。その三輪車でキコキコこいで参加した。三輪車だから片手離しや両手離しはできた。だが、いったいそれがなんだというのか。

こげば、こぐほど、寂しい気持ちになった。しかし、みんなとは一緒に遊んでいたい。複雑な心境だった。

と、突然、モトちゃんが、僕に声をかけた。

「ちゃおちゃん、自転車、乗れるようになりたいだろ」

「うん。でも、こわい」

「だって、このまま三輪車でいいのかよ」

「よくない」

「だろ。じゃ、俺が教えてやるよ。明日朝六時に自転車持って、遊園地に来いよ」

「わかった」

次の日は、日曜日だった。早朝だったのは、他の子たちに見られないようにとのモトちゃんの優しい配慮だったのかもしれない。

乗りたさ半分、怖さ半分。ちょっと重い気持ちで遊園地に向かった。

自転車は持っていた。自分の身長よりかなり大きなものだったけど、父がいつか乗れるようにと用意しておいてくれたものだ。

僕だって、ただ手をこまねいていたのではない。多少の努力はしてみた。しかし、あのグラつく感覚がどうしても怖くて、乗れるようにならなかった。本当に臆病だった。

モトちゃんはすでに待っていた。

「よし。やろう」

「はい」

僕が乗って、モトちゃんが後ろの荷台を持って押す。あのグラグラ感覚だ。

「こわいよ〜。もう無理」

僕は、開始三秒で弱音をはいた。今、こうして思い出していても、目頭を押さえたくなるほどの弱虫だ。

「ちゃおちゃん、がんばれ」

「こわいよ〜」

「いいか。こわいと思ったら、どんどんこわくなる。こわいと思うな」

「だって、こわい」

みんながこんな機械を自在に操っているのが、信じられなかった。

「いいか。ちゃおちゃん。転がることを考えずに、乗れたことを考えろ」

そう言って、モトちゃんは荷台を持って、押しはじめた。

すると、自転車のバランスがとれて、姿勢が安定した。「あ、乗れた」。一瞬そう思った。だが、すぐにハンドルが大きく傾いて、転がった。

しかし、何かつかんだ。乗れるというのは、こんな感じなのかと思った。

「いいぞ。今、ちょっと乗れたよなあ」

「うん。乗れた」

「ちゃおちゃん、転がりそうになったら、そっちにハンドルをちょっと向けるんだ」

「うん。わかった」

現金なもので、乗れるという感覚を感じると、がぜんやる気が出てきた。

何度も転んだけれど、モトちゃんの言うとおり、ハンドルを動かした。

そして、ついに……

「うわあ。乗れた」

確かに乗れた。後ろで、モトちゃんが荷台をつかんでいるけれど、僕は、自転車に乗っている。

「乗れてる……やった……ちゃおちゃん……」

後ろで走っているモトちゃんは、ぜいぜい息を切らしながら言った。

「手、離すぞ」

「え！」

急に不安が湧いてくる。

見えないけど、モトちゃんの手が離れたのがわかった。

次の瞬間、大きな叫び声が聞こえた。

「だめだー。ちゃおちゃん、そっちに行くなぁぁ」

ちらりと視界に、ゴミ穴が見えた。ゴミを入れておくために地面に掘った大きな穴だった。「このまま行くと、落ちる！」

ハンドルを切ろうとするけれど、意識すればするほど、なぜかゴミ穴に近づいていく。ゴミ穴は、どんどん大きくなっていく。そして……ガクッと宙に浮いた感じがあり、その後、ガシャンというものすごい衝撃がきた。そして、わき腹に激痛が走った。落ちたショックで、ハンドルがわき腹にめり込んだのだ。

「うわーああん」

僕は、あまりの痛みで、泣き出した。

実際のところ、せいぜい一メートルの深さの穴にゴミも入っていたから、高さは大したことはない。しかし、不安と恐怖と痛みで、僕はわんわんと泣いた。

モトちゃんは、僕を引き上げると、ケガの様子を見ていたが、やっと落ち着いた僕を家まで送ってくれた。

その後、自転車の練習をしようとは二度と言わなかった。僕も二度とやろうと思わなかった。だから、僕が自転車に本当に乗れるようになったのは、中学一年生になってからだった。

自転車のゴミ穴落下事件の後も、自転車レースがあったし、タコ遊園地大冒険もあった。レースでは、例によって三輪車でキコキコしていた。問題は、タコ遊園地への大冒険だった。タコの形をしたすべり台がある遠くの公園まで、自転車で行くのだ。他の学校のテリトリーなので、ときには、よそ者が来たと地元のガキ大将グループとケンカになることもある危険な場所だった。

僕は、自転車のみんなに走ってついていった。

運動音痴だった僕が唯一、持久走が得意になったのは、このせいかもしれない。

「今日は、タコ遊園地に行く」

とモトちゃんが宣言する。みんな僕のほうをちらっと見る。

僕が行けば、遅くなるのがわかっているから、いやなのだ。

「ちゃおちゃんは走ってついてくるけど、文句いうな」

モトちゃんが、かばってくれた。あれ以来、僕が自転車に乗る手伝いはしてくれなかったけれど、モトちゃんは、弱い者を守るガキ大将だった。

途中、何度も何度も信号を越える。タコ遊園地は子どもの足にはずいぶん遠い。

あと、もう少しというところで、モトちゃんが止まった。

みんなも一斉に止まる。

不思議な建物があった。

そこに今までは、なかったはずだ。波打ったトタンの板が何枚も組み合わされて、かなり広い敷地に壁ができていた。屋根はなく、上は空いていた。入口から奥はまったく見えなかった。今でいう巨大迷路のような作りだった。

「なんだこれ」

「なんか、秘密基地みたい」

これを見逃すモトちゃんではない。

「よし、行ってみよう」

トタンの壁に近づく。入口のような狭い通路があった。扉を開けて中に入ると、そこには、壊れた自動車部品のようなものが山積みにされていて、さらにその向こうがトタンの壁になって仕切られていた。人の気配はまったくなかった。

何だか、ゾクッとした。

壊れた部品の山を越える。オイルの匂いがした。

突然、すぐそばで、ガシャガシャーンとものすごい音がした。

「うわっ」

僕らは、驚いて飛び上がる。

ケンちゃんが部品につまずいて、部品が転げ落ちた音だった。

「シーッ。誰かが来ちゃうだろ」

「そうだよ。もっとそっと歩けよ」

安心して勢いづいたみんなが、ケンちゃんを非難する。

そのとき、さらに奥のトタンの壁の向こうから、シャアーザザザアーという、鎖か何かが、こすれるような音がした。

「な、なんかいるよ」

確かに何かが壁の向こうで動いていた。音が遠ざかったり、近づいたりしていた。

「ライオンかな」

タカちゃんが言った。そんなわけない。こんな所にライオンなんているわけがないじゃないかと思いながらも、僕の頭には、見えない向こう側にトラックぐらいの巨大なライオンが鎖でつながれている様子がはっきり浮かんでいた。

みんなもそうだったらしく、青ざめて顔を見合わせた。

「帰ろうよ」

「うん。戻ろう」

「戻ろ」

口々に撤退《てったい》の意志を表明するなか、やはりモトちゃんだけは違った。

「入るぞ」

彼が言った。

自転車にすら乗れない僕は、当然、

「やだよお。帰ろうよ。モトちゃん」

もう半べそをかいている。僕だけでなく、みんなも同じだった。自転車に乗るのとはわけが違うのだ。トラックほどの大きさの凶暴なライオンなのだ。みんな頭から食われてしまう。

「誰か、一緒に行く奴はいるか」

モトちゃんが言う。

「…………」

いるわけがない。

「いいよ。そんなら、俺、一人で行く」

モトちゃんは、ちょっと僕らになじるような眼差しを向けると、第二の入口に立った。

（モトちゃん、食べられちゃうよ。やめろよ……）。そんな言葉が口から出そうだったが、なぜか言えなかった。

トタンの壁に作られた第二の扉を引っ張ると、モトちゃんはその中に消えた。扉が開いたとき、ちらりとその向こうが見えた。やっぱり、何かの部品が山になっていたようだった。

シャーザザザ……と鎖の音が近づいてくる。

「ガワワワワア……」

すごい獣の叫び声が聞こえた。それと同時に、

「うわあー」

とモトちゃんの悲鳴が聞こえた。

僕らは、本物の恐怖に胸をつかまれた。

誰からだったか、まったく覚えていない。みんな一斉に出口に走った。頭が真っ白になって、何も考えられなかった。ただただ怖かった。

第一の扉を駆け抜けると、その場にしゃがみ込んだ。

膝がガクガク震えていた。


「モトちゃんは？」

誰かが言った。モトちゃんだけがそこにいなかった。

「助けに行かなくちゃ」

僕は、震えながらつぶやいた。しかし持っているすべての勇気をかき集めても、とても足りそうになかった。

「…………」

みんな黙っていた。次の言葉は見つからなかったから。でも、行かなくちゃ。みんなそう思っていた。どうしたらよいかわからなくて、じっと入口を見ていた。

そのとき。

ギギーッと扉が開いた。僕らの全神経は、そこに集中した。

「痛ってえ～」

そうつぶやきながら、モトちゃんが現われた。泥だらけになり、膝からツウーッと流れている血があざやかだった。今でも、その光景はまざまざと思い出すことができる。

「モトちゃん大丈夫？」「扉の向こうに何がいたの？」「ケガしてるよ。痛くない？」

聞きたいことが山ほどあった。

しかし、それを許さない強い力がその場にのしかかっていた。

「モトちゃんを捨てて、逃げた」という事実だった。

いつも楽しい遊びを考えてくれたモトちゃん。自転車に乗れない僕をかばい、守ってくれたモトちゃん。そんなモトちゃんのピンチに、僕は自分のことだけを考えて、必死で逃げた。それは、わずか八歳の少年にも、自分の情けなさを思い知らせるのに十分な体験だった。

タコ遊園地行きは中止となった。僕らはすごすごと帰り道を歩いた。自転車を押すモトちゃんの膝が気になった。その途中、（ごめん。モトちゃん。逃げちゃってごめん）と何度も謝ろうとしたけれど、声にならなかった。

自分のあまりの情けなさに押しつぶされそうだった。

5・一枚の写真

教員になってから、毎日新聞のカメラマンの友人、黒姫《くろひめ》の南健二《みなみけんじ》さんに一枚の写真をもらった。それは、衝撃的な写真だった。

白黒で撮られた写真だが、一目で栄養失調とわかる子ども達が写っている。一人の子がもう一人の子に向かって、なにやら、手をさしのべている写真だ。バングラディシュやベトナムの貧困について取材したものだ。内戦が続き、親を失った子がたくさん孤児院に引き取られる。一日に配給される食料は本当にわずかなものだ。とても腹一杯にはならない。一人の男の子が配給されたお粥《かゆ》をあっという間に食べてしまい、この写真のコーンちゃんという女の子の前に来た。すると、彼女は、自分のお粥をすべて手にすくい、見ず知らずの男の子に食べさせようとした。その瞬間を撮影したものだった。

僕は、その写真に感動して、「一枚の写真」という道徳の教材に仕上げた。それは、今も毎年、子ども達に授業している。人は、こんな極限の状態でも、人らしさを失わず、相手への思いやりを失わないものなんだよ、ということを伝えるための教材だ。

これを授業参観で使うと、親たちがボロボロと泣き出す。廊下に走り出て、号泣《ごうきゅう》しているお母さんもいた。

人は、本当にすばらしい生き物だ。子どもは、かけがえのない美しい魂を持っている。それをこの写真は教えてくれている。授業の最後に、僕はいつも子ども達にこう語りかける。

「先生は、コーンちゃんやカンニーちゃん（この授業では、カンニーちゃんという夢をかなえる努力を続けるもう一人の子も扱う）よりずっと年上だけれど、この二人を心から尊敬している。こんな人になりたいといつも思っているんだよ。先生が子どもの頃、あまりの怖さの中で、自分のことだけ考えて、大切な友達を置いて逃げてしまったことがある。今でも思い出すたびに、情けない自分が恥ずかしくなる出来事だった。みんなもこれからの人生の中でいろんな失敗すると思う。でも、こんな人になりたいとずっと思い続けていたら、いつかきっとそんな人になれると思う。先生はそう信じているんだ」

モトちゃんを捨てて逃げてから、今までいろんなことがあった。大切な仲間を守るために大きな勇気を必要とする場面に出くわしたことも何度かあった。そんなとき、このタコ遊園地事件のことがいつも心をよぎる。体中の勇気をかき集めて、かろうじて踏みとどまった。今度は逃げずにすんだ。コーンちゃん、カンニーちゃんにはまだまだ遠く及ばないが、自分の弱さ、情けなさをしっかりと見つめたおかげで、前より少しはまともな人間に育っているのかもしれない。

大人から見れば、「たかが……」の事件である。しかし自然発生的に生まれた近所の子ども関係の中では、こんなことがたびたび起こっていた。そして、その中から、生きるための学びをごく自然に学んでいた。ちっぽけなことだが、それがその人の一生の価値判断を左右することもある。

僕は、モトちゃんとの遊びの中で、人として生きていくために必要なあらゆることを学んだ。仲間を裏切らないこと、弱いものには優しくすること、より楽しい生活には工夫が必要なこと。喜びや悲しみはみんなで分かち合うこと……。

モトちゃんが作り上げた遊びのグループは、僕のもう一つの学校だった。遊びの学校だった。

それにしても、あの壁の向こうにいた生き物はいったい何だったのだろう。結局、誰もモトちゃんに聞くことができずにその事件は終わってしまった。僕も、このエピソードを書きはじめて、改めて、あの生き物の正体がわかっていないことを思い出した。大人の僕は、(あれは大きな犬かなんかだろ)と思っているが、子どもの僕は、(もしかしたら、本当にライオンかクマが秘密で飼われていたのかも)なんて思いたい気がする。あのときの経験は、ただの犬ではすませたくないとてつもない恐怖だったからだ。

子どもの体験や空想は、時として、大人の常識をはるかに超える。そして、それが出来事の本質により近いこともあると思う。

同学年の子とパソコンゲームに夢中の子ども達を見ていて、ときどき複雑な気持ちになる。あのゲームの中では、大人がプログラムした以上のことは起きない。大人が作ったバーチャルな世界は、結局、大人の手のひらから出ることはできない。それが、命の育ちとして良いことなのかどうか。僕は、ガキ大将グループがなくなったことを憂いているが、今の子たちは、僕の想像を超えてもっとたくましく、パソコンゲームの中から人生を見つけだすのだろうか。大人の作り上げた「ただの犬」ではなく、「トラックぐらい巨大なライオン」をその中に見つけるのだろうか。

モトちゃんは、まもなく小学校を卒業していった。

中学に行ったモトちゃんは、一度だけ遊園地に遊びに来た。大喜びで駆けよっていった僕に向かって、モトちゃんは「ブカツ」とか「ヘンサチ」とかわけのわからない単語を連発していた。そして僕らの仲間に戻ることはもうなかった。

僕らもなんとなく「遊園地」から遠ざかっていった。

6・ネズミ釣り

「先生、コウくんが、消しゴムのカスを丸めて、〝鼻くそ〟って言って投げるんです」

休み時間、職員室で○つけをしていた僕を、クラスの女の子たちが呼びに来た。（まったく。男の子っていうのは、どうしてこうくだらないことを次々と発明するんだろう……）。僕は、苦笑しながら、席を立って教室に向かった。

教室への廊下を歩きながら、小学校時代のあの事件を思い出し、（ホントは、僕がコウくんを注意する資格など、およそないよなあ～）と思っていた。

「遊園地」に遊びに行くかわりに、クラスの友達と付き合う時間が増えていた。もう六年生になっていた。

「おいおい、ネズミ、釣ろうぜ」

僕に、わけのわからないことを言ってきたのは、クラスメートのオダだった。

「何、それ」

「おれ、見たんだ。廊下の穴から床をのぞくと、ときどき、ネズミが走ってるんだ」

「ほんとか」

「でっけえネズミが走っていくの見たんだよ」

僕らが通っていた小学校は、木造二階建ての校舎だった。

相当古い校舎で、一階の廊下から上を見上げると、いつも光が差し込んでいる天井の隙間があり、誰かが二階の廊下を歩くと、そこだけが影になって、人が歩いているのがわかるという、まるで異次元空間にさまよいこんだような場所だった。音楽室からは、放課後、誰もいないのにピアノの音が聞こえ、裏庭には、大きな白へビが住んでいて、白へビが天気を自在に操るなど、いろんな伝説が生きていた。そんな伝説がみんな本気で信じられるほどの異様な雰囲気に満ちていた。

僕は、この木造校舎が大好きだった。

しかし、ネズミの仕業なのか、ときどき赤ダニが天井から降ってきた。ある日の授業中、僕が好きだった女の子の頭にダニが降ってきた。僕の前の席に座っていた女の子は、もちろん気がついていない。ここで騒いだら、その子がかわいそうだし、だからといって、このままでいいのだろうか、ダニって血を吸うのだろうか、この子は病気になったりしないかな、と悩ましい一時間を過ごした。

さすがに、そんなときは、建設中の新校舎に目がいった。僕らが卒業すると、新校舎が完成する。なんとも間の悪い六年生だった。

学校にネズミがたくさんいることは知っていた。授業中、ときどき床下で、タッタッタッタ一と音がした。黒板に文字を書いている先生の手がふっと止まり、

「あ、ネズミの運動会ですね」

と事もなげにつぶやいていた。

僕とオダが話していると、

「なに話してるん」

とトリイが話に混じってきた。

「あのな、オダがネズミを釣ろうっていうんだ」

「おっ。そりゃ、いいねえ。やろうぜ。やろうぜ」

トリイは大賛成だ。こいつは、好奇心のかたまりで、おもしろいと思ったら、何でものってくる。

「俺もやる」

アラキも入ってきた。

「だけどさ、釣るっていったってどうやるんだよ」

僕が聞くと、オダは声をひそめて、説明を始めた。

「あのな、教室の後ろの掃除用具入れがあるだろ。あの床って大きな穴が開いてるの知ってるか」

「ああ。うん」

ときどき、ほうきが落ちかけることがあった。

「あそこにタコ糸にエサをつけて、垂らすんだよ。そして、ネズミがかかったら、ひっぱりあげる。な、これで、釣れるだろ」

「だけど、釣れたネズミから、ハリを外すの、お前、できる？　多分、血も出るぞ」

「…………」

みんな、その光景を想像しているようだった。

アラキが言った。

「ハリ、つけるの、やめよう。血が出ると痛いし」

「うん。うん」

みんなちょっと怖かったのか、すぐに賛成した。ハリなしでネズミが釣れるのかわからないが、血が出るのよりよかった。

「エサはどうする」

「エサは、給食のパンの耳を使おう」

「お、いいね。じゃ、俺、今日の給食、耳残すよ」

僕が、エサの調達係になった。

「だけど、つり竿とタコ糸はどうする」

「ちょっと、来てみ」

オダが、みんなを教室の外に連れ出す。教室の二つ隣が用具室だった。そこへ入っていく。オダが奥に進む。そして、

「これっ」

と手にしたものは、運動会に使う着順の旗をとりつける竹の棒だった。そして、その横の戸棚には、着順の札をとりつけるタコ糸がひと巻きあった。

「すげえ。ピッタリ」

みんなは心からの賞賛を贈った。

「俺な、五年のとき、運動会で準備係だったから、この部屋のことよく知ってるんだ」

とオダが得意そうに言う。

「へーえ。俺も今度、準備係になるかな」

なんのための運動会なんだかわけがわからない……。

「なあ、もし、授業中にネズミがかかったらどうすんだよ。取りに行けないぞ」

トリイがもっともな意見を言った。

「うーん。あっ。これ」

一年生がダンスで使った鈴があった。

「これを、さおの先に取り付けておけば、授業中でも、鈴が鳴って、ネズミがかかったことがわかるじゃん」

「お前、今日、すげえさえてるなあ」

「それ、いいぞ、最高」

確かに、オダは絶好調だった。

ふだん、学級会で、「雨の日の過ごし方」なんて議題のときは、ときおり、時計を仰ぎ見る以外は死んだ魚の目になっているのに、こんなときは、意見百出、大いに盛り上がるわがクラスの男子なのであった。


用具室でセットを完了して、そのままつり竿を隠しておき、休み時間を終えた。

あとは、給食でパンの耳を残し、お昼休みにセットすれば、作戦完了だ。

給食になる。小学校の給食は男女混合で五人ほどの班になって食べるようになっていることが多い。班になって、「いただきます」をすると、エサの調達係になっている僕は、食パンの柔らかいところを先に食べて、そっと、耳を残した。

そのとき、同じ班のマユミちゃんが、

「あれ、加藤くん、いつもと違う。いつもはパンの耳から食べるのに」

と言った。この時期の女の子の観察眼はおそろしいほど鋭い。ぼんやりして、先も周りも見えない男子など太刀打ちできない。

「いや、ちょっと。たまには……」

気の利いたコメントもできずにおろおろする僕に、マユミちゃんの射るような視線が注がれる。ピンチだ。そのとき、

「え。そうだっけ。この前、やわらかいところから食べていたと思うけどな」

ヒロミちゃんが言う。正解はもちろんマユミちゃんなのだが、ヒロミちゃんのような
ぼんやりしている女子も稀《まれ》にいるので、男子としては、何とかやっていけるのだ。

とにかく使命は果たした。パンの耳をマユミちゃんに気づかれないように、ひとかた
まり、そっとポケットにしまう。

昼休みになる。教室の廊下に集合し、つり竿を運び込もうとしている僕たち。しかし
……女子が三人教室に残っていて、壊れかけの足踏みオルガンをプカプカ弾いている。

じゃまだ。あの子たちを教室の外に出さなくてはいけない。

「よし。俺が、やる」

アラキが言った。

教室に入り、女子につかつかと向かっていく。そして、ひと言、

「おい。お前達、教室にいていいんかよ。先生が、休み時間は外で遊べって言ってただろ」

オルガンが止まった。オルガン女子は、キッとアラキのほうをふり向くと、

「あんただって、教室にいるでしょ」

そのとおりだった。

アラキはすごすごと引き上げてくる。女子は、またプカプカぼやけた音のオルガンを弾きはじめた。

オダが言った。

「俺があいつらを教室から出してくる」

オダは、彼女のところへ小走りで行くと、

「おーい。先生が職員室で呼んでるぞ」

と叫んだ。

オルガン女子たちは、

「え。何だろ」

「行ってみよ」

ブツブツ言って、教室から出て行った。

オダは、僕たちを振り返った。そのときのオダの顔といったら、口の端がニンマリと上がり、ネズミをとった猫のような実に満ち足りた顔だった。

「ナイス。すぐ仕掛けようぜ」

みんなで掃除用具入れに仕掛けを取り付けた。じゃまものさえいなければ、わけなく取り付けられた。

「やったあ。これで、完成だ」

「かかるかなあ」

「すごいよな」

まだ、釣れたわけではないのに、何だか僕らはとても興奮していた。

そこへバタバタとオルガン女子が帰ってきた。

「オダくん。先生、呼んでなんかいないじゃない。すぐ職員室に来るようにって、先生が言ってたわよ」

「え」

絶好調のオダも、やはり先の見えない男子に違いはなかった。

オダはコンニャクのように震えながら、暗い廊下に吸い込まれていった。

まもなくオダは目を赤くはらして帰ってきたが、五時間目は、さらなるドラマが待っていた。

この日の五時間目は、算数だった。給食を食べた後の算数。算数は普通なら頭の働きのよい午前中に持ってくることが多い。この曜日だけ、なぜそんな時間割になっているのかわからないが、算数の苦手な僕は、この時間よく睡魔《すいま》に襲われた。

しかし、今日は目がらんらんである。とても寝てなんかいられない。もしかすると、ネズミがかかるかもしれないのだ。

先生は、黒板に数直線を描いていた。とても丁寧な数直線が黒板に描かれていく。

先生が目盛りをつけはじめた。そのとき、
チリチリチリチリ……

微《かす》かに教室に鈴の音が聞こえた。

「え」

「なに?」

「なんか鳴ってる」

みんながざわざわし始めた。

そのときになって、僕たちは大きな間違いに気がついた。

鈴が鳴るのが授業中だったら、どうやって教室の後ろまで行って、ネズミを釣り上げるのか。そんな肝心のことを忘れていた。

トリイ、オダ、アラキと顔を見合わせる。「どうしよう」

どうにもできなかった。ざわついた気配に先生が気がつき、

「何だ？　うるさいぞ」

とふり向いた。

誰かが言う。

「先生、なんか、音が聞こえます」

「音？」

また、教室中がしーんとなる。

チリチリチリチリ……

確かに聞こえる。先生は、鈴の音の鳴るほうに見当をつけて歩いていき、掃除用具入れの扉を開けた。

「何だ、こりゃ？」

先生が驚いて声を上げても、鈴は鳴り続けている。たいしたネズミだ。

先生は、その仕掛けの意味を読み取り、その穴から中をのぞいて、叫んだ。

「うわあ。ネズミがいる」

その声を合図に、みんなどっと教室の後ろに駆け出し、あちらこちらの床の穴から覗

きだした。

「ほんとだ」

「パン、食べてる」

「かわいいー」

　掃除道具入れの近くの穴から覗いた子は、見ることができた。

「こらー。みんな席に着きなさい。授業中だぞ」

　先生が制止しても、みんなは止まらなかった。

　子どもの好奇心が全開になったときの大人の命令は弱いものである。数回の先生の制止の後、誰かがさおを持ち上げた。ネズミは、クルクルと回りながら、途中まで、ついてきたらしい。もう少しでつり上げられるというときに、パッと飛び降りて、逃げていったということだった。

　ようやく、みんなが先生の制止に反応して、席に着いた。

「誰がやったんだ？」

　先生がみんなに聞いた。僕らはみんなで名乗り出た。先生からさんざん叱られた後、臨時の学級会になった。

議題は「ネズミは悪い生き物か良い生き物か」

何だか、めちゃくちゃな気もするが、今思うと、おもしろい先生だった。僕だったら、こんなことはしないと思う。

「ネズミは悪い生き物です。たしか、ペストとかいろんな伝染病を運んだり、人間の食べ物を食べてしまったり、悪いことをたくさんしているのをよく聞きます。この学校だって、ネズミがいて、ダニが出てきて困るから、消毒しているので、良いことはないと思います」

ユウコちゃんが発表した。

もちろん僕らは、ネズミ擁護派にまわった。

「ネズミだって、生き物だから、良いところが必ずあると思います。たとえば、人間の育てている畑の作物を食べてしまう害虫を食べてくれたり、人間のかわりに実験台になってくれたりするので、良い生き物だと思います」

そんな意見が行き交うなか、最後に先生が口を開いた。

「加藤たちが、今、ネズミは良い生き物だということを言っていたが、それは、違う。ネズミは百害あって一利なしといわれる生き物なんだよ。つまり、百の悪いことをしても、一つも良いことはしない生き物なんだ。だから、駆除しなければならないんだ」

僕は、とてもショックを受けた。

（先生、それは違うと思う）と言いたかったけれど、どんな言葉を使ったらよいか、なんて説明したらよいか、あのときの僕はわからなかった。それが、悔《くや》しくてたまらなかった。だから、今でもあのときのことをはっきりと覚えているのだろう。

命に良い、悪いなどない。人間から見たら、害をなすものでも、地球全体から見たら、生きる役目を持っていて、他の命を助けている。すべての命はかけがえのない命をただ生きるだけだ。それぞれが、精一杯生きることで、地球全体のバランスがとれ、共存できる。命とはそういうものだ。すべての命はつながっていて、助け合っている。

あのときの僕にそう教えてやりたいが、そう言えるようになるには、アフリカを一人で旅して、アマゾンでピラニアを釣り、屋久島で縄文杉に出会い、やがて、山小屋を建てて、日本の自然に寄り添う生き方がわかってくるまで、待たねばならない。

僕らは、論争に負けた。

ネズミは病気を伝染するので、二度とネズミに手を出してはいけない、と決められた。

翌朝、少しむしゃくしゃする気持ちのまま登校した僕は、唖然とした。

トリイがネズミ取りに入ったネズミを持ってきていた。

「どうしたん?」

と聞くと、

「だって、一匹じゃ、かわいそうかと思ってさ」

と言うが早いか、ネズミ取りのフタを空けて、教室の床にネズミを逃がした。

ネズミは一度諦めた命に希望を取り戻して、全速力で教室中を駆け回った。

「キャアー」

「うわあ」

教室はパニックになった。ネズミはやっと出口を見つけて、廊下に飛び出していった。

廊下から、悲鳴が上がった。

「きゃあー」

「ネズミだ」

「うわあ」

救急車のサイレンのように、そんな悲鳴がだんだん遠くなっていった。

トリイは満足そうだったが、僕は、(じゃあ、いったい昨日の話し合いは、何だったんだろう）と思っていた。ネズミには二度と手を出さないとみんなで決めたのに。

ほんとにこの時期の男子は、どうして、くだらないことを全力でやり、周りも先も見えないんだろう。それはＤＮＡに何かがプログラムされているのだろうか。


「最近、ネズミが増えたわよね」

台所で、母が言った。僕の小学校の卒業式が終わって、間もない頃だった。ネズミはやがて木造校舎が取り壊されることをその本能で察知したのだろう。学校の近所に集団疎開を始めたらしい。僕は、オダたちとあれだけ苦労して手に入れられなかったネズミを、何の苦労もなく大量に手に入れるようになった。

７・ＮＹ電子開業

「お父さん、お母さん、俺はもう親の世話にならずに一人で暮らす」

中三になった僕は、そう宣言した。

このままだと、自分は絶対にだめになる。そんなせっぱ詰まった思いがあった。何かというと、親の愛情過多の生活である。つまり過保護。未熟児で生まれ、とても成長が遅かったのだから、仕方がないかもしれない。

父は、満州生まれの満州育ち。父が中学生のとき、満州で大きな牧場をやっていた祖父が召集され戦死した。父もソ連兵に銃で脅かされ、汽車に乗せられ連れ去られるところを、鉄橋で汽車から飛び降り、何日も歩いてやっと生還した。戦争が終わり、夫を亡くした祖母は、中学生の父を頭に五人の子どもを連れ、日本本土に帰ってきた。僕などとは比べものにならない激動の世の中を生きてきた父の気持ちを、平和ボケした僕は、つかみ損ねていたのかもしれない。

もともと、父は非常に愛情豊かな人間で、「かわいそうだ」という感覚が異常に発達していた。食料品問屋の社長をやっているときも、借金を取り立てに行って、相手の事情を聞いて、気の毒に思うと、逆に金を貸してきてしまうような人だった。中国に合弁会社を作りに行ったときは、現地の貧しい身なりのおばあさんが売っているチャチなパンダの土産物を籠《かご》ごと全部買ってきて、家族に呆れられていた。父にはそんなエピソードがいくらでもあった。

当然、息子や娘にも愛情のフルパワーである。

僕が、中学生のとき、テレビを見ていて、カニをうまそうに食べるシーンが出ていて、何気なしに、

「あ、うまそ」

とぼそっとつぶやいた。

三日後、家には、北海道から、毛ガニでいっぱいの巨大な木箱が届いた。

大学時代にも、京都から電話で里帰りの話になり、ちらっと、

「早くするめが食いたいよ」

と言った途端、群馬から宅急便が届いた。おそるおそる開けてみると、ダンボールの中には、するめが百枚、業務用のマヨネーズが二本入っていた。あと一週間で帰郷する息子が百枚のするめをどうするのか、などとは決して考えない。あ、かわいそうだと思った瞬間に、体が動いてしまう。そんなことが毎日のようにあった。

満州での幸せな生活を一瞬で奪われた父には、家族に対して（今、しておかなくてはならない）と思うことがたくさんあるらしい。

「いいなあ、ちゃおちゃんは」

「いいお父さんねえ」

そんな言葉を近所でよく聞いた。

当時の父の年齢をはるかに越えた今なら、「わかった。わかった。気持ちはわかるよ」と言うだろう。しかし、思春期を迎えた中学生の僕は、どうにかしてそこから脱出したいと思った。（このままでは、自分はだめになる）と本気で考えた。そして、冒頭の宣言となったわけである。

「親の世話にならずに、一人で暮らす」

カッコイイ！

しかし、ただの中学生がいったいどこで暮らせるというのだろう。近くの公園、学校の部室、川近くの空き地。いろいろと物色したが、適当な場所が見つからない。

思いあまって、二人の友達に相談した。すると、

「おっ。じゃ、ちゃおちゃんちの屋上なんかどうだ。そこに、俺たちで小屋を作るんだよ」

「いいよ。いいよ。それ最高。電気だって、下から引けばいいんだし」

ノギとヤマダは、大乗り気だった。

三人は、あちらこちらを駆けずり回って、材料を集めはじめた。

運動音痴の僕のために親が設置してくれた屋上の鉄棒が、基礎となった。たくさんのダンボールを拾ってきて、壁にした。倉庫に転がっていたペンキで防水仕上げをした。屋根は、学校のがらくた置き場に捨ててあったトタン板を拾ってきて、折り曲げ、鉄棒にひっかけ、結んで作った。近くにあった壊れかけの椅子と机を三セット持ってきた。さらに小学校時代から電気に詳しかった二人は、中学生レベルを超えた工夫を凝らした。近所の電気屋さんの裏庭には、いらなくなった部品が山と積まれていた。

その中から使えそうな部品を掘り出し、室内に配電盤を作った。コンセントを作り、小型のファンを取り付け、ハンダゴテが同時に二本使えるようにした。

まるで小さな工場だった。

当初の趣旨とは、だいぶかけ離れた状態ではあったが、それには誰も気がつかず、それはそれで、僕らは全員満足していた。

小屋の中の細かな配電作業の頃になると、難しすぎて、僕はいささか飽きてしまって、ときどき、作業を進める二人を屋上に残し、他の友達と遊びに行ってしまうという、まったく頼りがいのない行動をとっていた。

しかし、二人のたゆまぬ努力のおかげで、小屋は見事に完成した。

完成式のときは、みんなで小屋の中に横一列に座り、コーラで乾杯した。

ヤマダが言った。

「配電盤確認」

ノギが答える。

「配電盤よーし」

「ライト点灯」

「了解。ライト点灯」

パッと天井のゼットライトがつく。

「換気扇スイッチオン!」

「了解。換気扇スイッチオン」

ブーンという小気味よい音とともに、壁の上部に取り付けられたファンが回った。

「ハンダゴテ、スイッチオン!」

「了解。ハンダゴテ、スイッチ入れます」

ハンダゴテに電気が入り、熱くなる。

「おおーっ」

三人は大満足で拍手をした。

なぜ、ハンダゴテなのか。

それは、二人の深遠な計画があったからだ。

二人は、（ときどき、僕も行ったけれど）電気屋さんの廃材置き場に通ううちに、いろんな部品が使用可能な状態のまま捨てられていることに気づいた。

そこで、使えるものを拾い集め、製品にすることを思いついたのだ。みんなで、近所のスーパーに行って、一番安いタッパーを大量に買ってきた。そして、その中に拾ってきた部品を組み込み、ハンダづけをした。

そして、彼らは、タッパーの中に「ラジオ」を作ってしまった。

次々に完成するラジオを、僕らは学校や塾の友達に格安の値段で売った。当時は受験生向けの深夜放送が盛んで、ラジオは飛ぶように売れた。

塾の先生まで、そのラジオの完成度の高さに感動して、

「五台くれ」

と大口の注文をしてくれた。

たまったお金は、親に頼んで銀行の口座を作ってもらい、貯金した。

この屋上工場を僕らは「ＮＹ電子」と呼んでいた。

ヤマダたちは、ヤマダのＹ、ノギのＮ、加藤のＫで、ＮＹＫ電子にしようと言ってくれたが、僕は、どうも途中で抜けたり、自分だけ電気のことはよくわからない引け目からも、ゴロの良さからも、ＮＹ電子がいいと思ったので、そう提案した。

そこで、ＮＹ電子と命名された。

それほど二人の電気関係の知識やアイディアは、すばらしかった。そして、ラジオだけでなく、センサーやタイマーなど、新製品を次々と開発、販売していった。ＮＹ電子は優良企業に成長していった。


こんなことをもし今の子ども達がしでかしたら、どうなるだろうか。

大問題となって、学校中が大騒ぎになるだろう。

しかし、当時は塾の先生も数人の学校の先生も知っていたはずだ。なのに、まったく問題にされなかった。

近所の電気屋さんにしても、にこにこ笑って部品を持っていかせてくれた。子ども達が電気に関心を持つことがうれしいようだった。

学校から帰る途中、洋服屋のおばさんが、

「久雄ちゃん、ありゃ、何だい。おばさんたちの間で不思議なもんができたって、噂《うわさ》になってんだよ」

と屋上を指さして言った。

「おばさん、あれね、ラジオを作る工場なんだよ」

と言うと、おばさんは目を丸くして、

「へーえ。久雄ちゃんは本当におもしろい子だよう」

とゲラゲラ笑った。

先生の中にオオヤマ先生という学校一怖い先生がいた。三年生の不良たちもオオヤマ先生の言うことには、逆らえなかった。弱い者いじめをした子は、柔道の技で、たたきのめされた。それを見た僕らは、死ぬまで弱い者いじめをすまいと心に誓った。

気の弱い僕などは、廊下のはるか向こうにオオヤマ先生が見えただけで緊張した。あるとき、担任の先生の補教で、突然オオヤマ先生が現われたときは、クラス中が、呼吸を忘れて、倒れる寸前になった。

日曜日に学校のがらくた置き場からトタン板を持ってくるついでに、「その近くから椅子と机を三セット持ってきた」と先に書いたが、実はそれは、物置小屋であり、カギが開いていたため、入って持ってきたのだった。おそらく廃棄するかどうかの判断を待っている椅子や机たちなのだろう。

だから、物置から椅子と机を持ち出しながら、僕らは、罪悪感のようなものを感じて、中学生らしいジョークを言った。

「ここで、オオヤマ（すみません。先生。事実に忠実に筆記します）に会ったら、どうする」

「あはっ。命はないよな」

「そうそう。日曜でよかっ……」

僕がそう言った瞬間、目の前に突然、オオヤマ先生が現われた。

本当に心臓が音を立てて止まるのがわかった。気を失うかと思うほど驚いた。

三人は凍りついたままオオヤマ先生を凝視《ぎょうし》した。

数十分そうしていたように感じたが、実際は数秒だろう。

これから起こるであろう場面を想像して固まる僕らに、先生は言った。

「よっ。ご苦労さん」

「えっ」

僕は耳を疑った。
ゴ、ゴクロウサン？
オオヤマ先生は、ニッと笑うと、柔道場のほうへ歩いて行ってしまった。
僕らは、その場にへたり込んだ。

今でもわからない。なんでご苦労さんだったのだろう。先生は、日曜のたびに学校へやってきてごそごそしている僕らに、きっと気づいていたと思う。でも、それが、人を傷つけるとか、人の道に外れるとかいったことでないらしいことを感じて、こいつら、何やってんだか、と思いながらの、「ご苦労さん」だったのかもしれない。

電気屋のおじさんにしてもオオヤマ先生にしても、怒らせるとむちゃくちゃ怖かったけど、あの頃の大人には、なにか「大人としての余裕」があった。子どもが持っている「やんちゃ」な好奇心をおもしろがって伸ばしてくれようとするところがあった。
それが、僕らに、まだ自分たちが大人には決して届いていないことを自覚させた。そして、大人に憧れ、はやく大人になりたいと思わせた。

やがて夏が来た。

その頃には、高額所得者番付に載るほどではないが、優良企業NY電子の預金はかなりの額に達していた。

僕らは相談して、その貯金で新潟に旅行することに決めた。

行先は、柏崎《かしわざき》の海だった。テントで砂浜に一泊しようということになった。柏崎を選んだのは、未知の場所に行くのが少し不安だったのだろう。当時の高崎市では、毎年、小学校六年生で二泊三日の臨海学校に行く。それが、新潟県柏崎市の笠島《かさしま》だったのだ。一度行ったことのある馴染みの場所を選んだ。

砂浜でスイカ割りをしたり、お手製のラジオから流れる曲を歌ったり、大騒ぎをした。最高の時間だった。

やがて、夕方になり、日本海に沈む夕日を見て、心も体も満たされたそのとき、大変なことが起こった。

「ブオンブオンブオン、ババババババ」

けたたましい音がやってきて、僕らのテントを包み込んだ。暴走族だった。僕たちは脅かされ、あっという間に、食料と金をほとんど奪われてしまった。

パニックになった僕らは、食べるものもなく、金もなく、暗くなった海岸で、

「高崎に帰ろう」

と悄然《しょうぜん》としていた。急いで荷物をまとめ駅のほうへ向かう。切符を買う金もないのに、そんなことも忘れて、駅まで走った。荷物が重すぎて、なかなか進めない。大きな荷物が背中でゴトゴトはねた。

そのとき、後ろから声が聞こえた。

「そこの子たち、どうした。何かあったのかい」

振り返ると、そこには、微笑みを浮かべた一人の男の人が立っていた。

僕らが、興奮しながら、事情を話すと、

「それは、大変だった。そんな人がいるのは地元の恥だから、今日は、お詫びに私の家に泊まりなさい。私の家はすぐそこだから」

暴走族は、バイクのナンバーでは地元の人間ではなかったのに、そんなことを言ってくれた。そのおじさんの笑顔は、とても温かくて、動揺している僕らを安心させる力を持っていた。

僕らは、帰るお金もないことにやっと気づき、お世話になることにした。

8・暴走族と住職さん

「ほら、ここが私の家だよ。今、布団をひかせるから、ゆっくりしていくといい」

そのおじさんの家というのは、なんと、お寺だった。言葉のとおりに、大きな本堂にフカフカの布団を用意してくれ、僕らは、お線香の香りに守られながらぐっすり寝た。お線香の香りがあんなに安心を誘うものだとは思わなかった。

翌日、目が覚めると、鼻をくすぐるいい匂いがした。ホカホカの朝ごはんが用意されていた。

さらに、住職さんは、

「帰るお金もないんだろ。これを使いなさい」

とみんなの電車賃まで出してくれた。

住職さんのあまりに温かな心に、僕らは胸が一杯で、うまく言葉も出ず、何度も何度も頭を下げて、そのお寺を後にした。

電車の中で、みんな口々に、

「あんないい人はいない。このお礼は必ずしよう」

「俺は、すぐ帰ったら手紙を出して、電車代を返す」

「俺も。来年の夏休みには、お寺を手伝いにいくぞ」

と話した。


しかし、この約束は守られなかった。

帰ってきてからの僕らは、嵐のような時間の渦に巻き込まれて、その約束を忘れてしまった。

これまでの人生を振り返ると、あるときやり残した課題は、形を変えて、場面を変えて、きっともう一度自分の前に現われてくると思う。逃げても、結局は一緒なんだなと思う。モトちゃんを捨てて逃げ、住職さんのこんな温かい行為を忘れるような僕が、同じ年頃の子ども達に「逃げるな、忘れるな、立ち向かえ」とは、恥ずかしくてとても言えない。そのとき立ち向かう勇気が集められなかったら、逃げることも、忘れることもあるよね。

でもきっと、後でそのツケを払うことになるというのが、僕の確信だ。

恩知らずで世間知らずだった僕は、その十数年後から、毎年、そう毎年、笠島の地を訪れることになる。小学校の教員になり、臨海学校の引率者として。

子ども達を海に連れていく途中で、思わず足が止まった。あのお寺が坂の上にあった。臨海学校から砂浜に行くには、必ずその道を通る。

僕は、深々と頭を下げた。

子ども達が不思議そうに見ている。（あのときは、本当にありがとうございました。ろくなお礼もできずにごめんなさい。ご住職のおかげで、僕は、人の善意を信じる道を歩くことができました。本当にありがとうございました）

それから今日まで、百回以上その道を通ってきた。そして、そのたびに頭を下げ、あのときのことを感謝し、詫びている。

あのとき恩を忘れた僕は今になってそのツケを払うことを選んだということだ。きっと今頃、ノギもヤマダもこの地球のどこかで、そのツケを払っていることだと思う。

あまりにもいい加減な子ども時代だったが、そこで経験した一つひとつの出来事からにじみ出てくるのは、子どもに向けられていた温かい大人たちの視線だ。

「愛され感」といってもいい。

あの当時、そんなことに何も気がつかずに大きくなり、反抗期とかで親にも反発し、自分一人で大きくなったような気がしていた。その陰でどれほど多くの大人たちが自分たちを守り、支え、一緒に生きてくれたか。幼稚で未熟な自分たちの思いを尊重して、ときには痛い目にあわせ、楽しい経験をさせて、人生の深さを気づかせてくれたか。先回りして答えを教えることなく、大人たちはただ待ち、たっぷり時間をかけて、生きることの価値を教えてくれた。

もしかすると大人たちはとても忙しいから、そんなことをいちいち考えていなかったのかもしれない。でも、大切な人たちと、毎日笑ったり泣いたり、喧嘩したり、仲直りしたりしながら生きていくなかで、自然とそうなっていったのかもしれない。そしてその中に、「子どもは失敗するもんだ」という大人たちの共通の認識が、子ども達を余裕の眼で見る温かさとして、漂っていた気がする。

それが、子ども達の人生にとってどんなに大切なことか、今の僕には、よくわかる。あの経験がなかったら、僕は、自分の夢をかなえようとするエネルギーを自分の中に作り出すことができなかったと思う。

本当にありがたかった。


さて、高崎に帰ってきた僕らを待っていたのは、悲しい知らせだった。NY電子の一翼を担うノギが、父親の仕事に伴い、突然茨城へ転校することになったのだった。そして、残された僕らも、激変した学校の空気の中で、やむなくNY電子を解散して、机に向かうことになった。

そうだった。僕らは、中学三年生、つまり受験生だった。

9. 僕の叔父さん

小さい頃から、僕は誰かと競争することが本当に苦手だった。

他人が負けて悔しがる顔を見るのが、つらくて仕方がなかった。正月に従兄弟《いとこ》たちが集まってみんなでゲームをやっても、大好きな従兄弟が負けて悔しがる顔を見たくなくて、わざとそっと負けた。従兄弟が「やったー」とうれしそうにしているのを見て、ほっとしていた。

今でも、オリンピックで、銀メダルを取った選手が悔しそうにしているのをつらくて見ていられない。

（すごいよ。だって銀メダルだよ。えらい、よくやった。十分だよ。もし、僕が金メダルをもらったら、あなたにやるのに……）と思ってしまう。もっともそんな人間に、決して金メダルは取れないと思うのだが。

僕の家は一族の本家なので、小さい頃は、独身の叔父や叔母が一緒に住んでいた。にぎやかでとても楽しい家族だった。

叔父たちは、僕ら兄妹を自分の弟、妹のようにかわいがってくれた。

剣道の有段者で、負けず嫌いの叔父は、僕の「競争に弱い性格」を本当に心配したらしい。まだ幼い僕に、とんでもない課題を押しつけた。

ある日、僕は、叔父に近所の公園に連れていかれた。叔父は、眼光鋭くあたりを見まわし、僕よりはるか年下のよちよち歩いている子を見つけると、

「さあ、久雄、あいつをやっつけてこい！」

と言って、僕をけしかけた。

何も悪いことをしていない縁もゆかりもない子をやっつけろと言うのだ。それでは、ロボットアニメに出てくるマッド・サイエンティストではないか。

「やだよぉ～。できないよぉ」

と僕が泣き出すと、

「まったく、弱虫なんだから。しっかりしろ」

とため息をついた。


僕が成人して車の免許をとってすぐのこと。夜遅くに帰る途中、道路にネコが飛び出した。そして、それを避けるためにハンドルをきったら、道路脇に積んであった材木にかすり、まき散らしたことがあった。

その材木の家に謝りに行った。

事情を説明し、丁寧に謝り、

「すぐ、片づけますから」

と玄関で伝え、材木のところに戻った。

そこにたまたま、叔父の車が通りかかった。

「久雄、何してんだ？」

と言うので、事情を説明すると、

「よし、わかった。俺に任せとけ」

叔父は車から飛びおり、

「いいか。絶対、俺がお前の叔父さんだと言うなよ」

と言うが早いか、そのお宅の玄関に乗り込み、

「ちょっといいかい。お宅の材木、わたしゃいつも通るたびに邪魔だったんだよ。今、この若い人が車にこすったっていうじゃないか。え、いったいどうしてくれるんだよ」

僕は、耳を疑った。叔父さん、悪いのはこっちです。

「そんなこと言ったって、うちの土地なんだから……」

あまりの叔父の剣幕《けんまく》にその人も気圧《けお》されて口ごもる。

「なんだい。やるんなら、やったっていいんだぞ。とにかく、この人に余計なことさせたら、承知しないぞ」

叔父は、そう叫んで、車に飛び乗った。

去り際、小声で、

「久雄、俺、急ぐから行くぞ。やつが何かいったら、すぐ連絡しろよ」

と消えていった。

僕は、残りの材木を片づけて、そのお宅にご挨拶に行った。すると、

「あんたは、いいんだけど、あの人はいったい誰なんだい」

と怖そうに、叔父の去った方向をのぞいていた。

後日、叔父は
「いやあ～。久雄がまたやられていると思ったら、カアッーと頭に血が上っちゃってなあ～」

何だか、うれしそうに言った。

（またって、いったい、何年前の話とつながっているんだか……）

僕はそう思ったが黙っていた。


また別のある日には、叔父が東京でラーメンを食べていて、窓の外を見たら、小学生ぐらいの兄弟が大きな犬を連れて散歩をしていた。

後ろからきた車のクラクションに驚いた犬が突然道路に飛び出し、その車にはねられ

てしまった。体格の良い運転手が飛び降りてきて、自分の車のへこみを気にしている。その脇で、横たわる犬に抱きついて子どもが泣いている。

叔父は、ラーメンのどんぶりを持ったまま、飛び出していった。

「あんたねえ。この子たちが泣いているだろ。あんたは、それでも人間か。この子たちのつらさがわからんのかあ。ちょっと来い」

とラーメンのどんぶりの代わりに、相手の襟首をつかんで近くの交番に連れていった。そして、二人は名刺交換をしたそうだ。それによると、相手は、有名な会社のお偉いさんだったとのこと。

いきり立つ叔父が当事者ではないことを知って、お巡りさんも困り果てて、

「お二人でよく話し合ってください」

と言われて帰ってきたそうだ。そのときも、

「久雄、警察は、心情的には間違いなく俺の味方だったぞ」

と熱く語っていた。

僕は、この叔父の熱くてわかりやすい性格が大好きだ。だが自分の資質とはおよそ違うこともよくわかっていた。

向こうからふっかけられたケンカも負けて泣かされてばかり、公園に行けば、一時間も花壇のバッタの動きをじっと見ていた。ゲームをすれば、相手がかわいそうでわざと負ける。叔父から見れば、この情けない甥《おい》っ子のとても理解しがたい性格をたたき直してやりたいと思うのも無理はない。

それも、「愛」の一つの形。

しかしなあ。

かつて、武術の先生が教えてくれたように、白い花の咲くチューリップの球根からは、必ず、白い花が咲く。それはもう生まれたときから決められているものだ。それを力づくで赤に変えようとしても、決してできるものではない。

ただ、僕の性格が変わることはなかったが、やがては一人でアフリカやアマゾンを旅したり、武道で黒帯をしめるようになったのは、もしかして、この叔父の影響があるのかもしれないなと今になって思う。自分を大事に思ってくれている人の期待に少しでも応えたいという気持ちが働いていたと思う。

そして、やはりここでも思うのは、自分が「愛されている」という実感である。

10・大丈夫だよ、受験生

いずれにしても持って生まれた資質はそう簡単に変わらない。

受験に有利な性格、不利な性格というのがあるのかよくわからないが、競争が苦手な性格は、あまり受験向きとは思えない。教室で受験のために寸暇《すんか》を惜しんで勉強するみんなを見ていると、なんだか息苦しくなった。

家に帰ると、こうしている間にもみんながどんどん進んでいるような気がして、焦《あせ》ってくる。だったら、同じように勉強すればいいのに、なかなか集中することができない。余計、焦ってくる。

競争が得意な人間というのは、相手を強く意識することで、自分のモチベーションを上げることがうまい。あるいは、逆に相手との競争の意識を減らし、人と人の戦いではなく、自分の目標をかなえる戦いと位置づけて、セルフコントロールすることがうまい。受験生だったことに気づいた僕は、そのどちらもできずに、ふだんは絶対しない自分の部屋の掃除を突然始めたり、たっぷり時間をかけて、受験までの詳細な学習計画を作り、苦労して美しく色づけした表を壁にはるなど、本筋から離れた逃避行動に明け暮れた。

それぞれの受験生が、どんなふうに時間を使おうが、確実にその日はやってくる。

受験、そして、発表。

今は、インターネットで発表されるようだが、あの頃は、志望校に張りだされる合格発表を受験生が見に行った。

ドキドキの瞬間である。

NY電子の親友、ヤマダは三年生では別なクラスで、ノギはすでに茨城に転校していたので、僕は、同じクラスで仲のよかった五人組で、発表を見に行った。出がけに一人の友達にちょっとしたトラブルがあって、出るのが遅れた。

橋を渡り、高校に着くとすでにたくさんの受験生や親たちで、ごった返していた。

県内屈指《くっし》の進学校で、ここに入れさえすれば、将来は約束されるとばかりの異様な熱気だった。

高校はその日も通常の授業をしていて、高校生たちは、窓の外の光景を興味深そうに見ていた。

　合格発表の掲示板の前に来る。

「あった」

　横にいたヤベが早くも自分の番号を見つけた。

　続いて、五人の中で一番勉強ができるカワノが、

「受かった」

　と声をあげる。

　その後の二人も、

「あったあー」

　の歓声。

　こんなときも僕は遅い。

「ちゃおちゃんは？」

「あったか？」

　みんなが聞いてくる。

　僕は、必死で掲示板を見つめた。

そして、はっきりわかった。

「ない……」

「…………」

みんなが絶句した。気まずい空気が流れた。

その後、受かった子は、受付けに行き、入学手続き用の茶色い大きな封筒をもらう。落ちた子には、もちろん、ない。

みんなは封筒を持ち、僕は持っていなかった。

それを目ざとく見つけた教室の高校生の一人が、

「あいつ、落ちたぜ」

と大声で指を指す。

「バカ。やめろ」

と慌《あわ》てて止める隣の高校生。どんな場所にも嫌な奴といい奴がいるものだ。

高校のすぐそばの食料品店に公衆電話があり、そこからみんなは、合否の連絡を親にする。

みんなは、僕に気を遣って、

「ちゃおちゃんが、一番にかけろよ」

と譲ってくれる。(いったい、なんて親に言えばいいんだろ)。そんなことを考えながら、電話した。

「もしもし、加藤です」

母親の声だった。その声を聞いたら泣きたくなった。しかし、その気持ちを必死で押さえて、

「お母さん、ごめん。落ちちゃった」

そう言うと、母親は案外冷静な声で、

「いいよ。いいよ。大丈夫だよ。気をつけて帰っておいで」

と言った。

その後、次々友達が、電話をした。

みんなとても暗い声で、合格を親に伝えていた。ある一人など、

「もしもし、お母さん、ごめん。受かった」

と言っていた。

僕に気を遣ったのだ。良い仲間だった。

帰り道もまるでお通夜だった。

人生最初の関門を突破したみんなは本当は、大声で喜びを表したかったに違いない。でも、落ちた仲間の一人を思って、誰も何も言わなかった。

みんなの優しさは本当にありがたかったけれど、僕はみんなに済まない気持ちで一杯だった。初めて、自分が何をしでかしたのか、何をしなかったのか、痛いほどよくわかった。こんな思いをするなら、もっともっと「今」を大切にすればよかった。もっと、本気で勉強するべきだった。

でも、もうそれは取り返しのつかないことだった。世の中に取り返しのつかないことがあるのだということを僕は思い知らされた。

実は、これにには、さらに裏話があった。

父と母は、僕が落ちたことを事前に知っていた。

父はこの学校の卒業生だった。そして、父の友人が、この学校に勤めていた。その友達が心配して、早朝、発表と同時に電話で知らせてくれた。

「お前の息子、残念ながら不合格だったぞ。それでも行かせるのか」

と。

それを知った父と母は、言い争ったらしい。

母曰《いわ》く、

「あの子は、弱いから、自分一人が落ちたのがわかれば、一生の傷になる。合格発表を見せるのは絶対ダメだよ、お父さん」

我が家では、多くの場合、なんとなく母親に決定権があった。母親はふだん穏やかで、決して強いわけではないのだが、たぶん父が人一倍苦労性で気を遣う性格なのだろう。しかし、ごくまれに、父が星一徹《ほしいってつ》のような父性を発揮することがあった。父性が出たのは僕が記憶している限り、大学時代、一人でアフリカに行くことを許したとき、それとこの受験のときだけだ。

父は言ったそうだ。

「もしここで、あいつを行かせなかったら、あいつは一生他人にかばわれながら生きていくだめな奴になる。行かせよう」

二人は、僕が出かける瞬間まで、僕が知らない夫婦げんかをしていた。切ない夫婦げんかだっただろう。結局、父の言い分が通った。

僕は、このときの決断をいま心から感謝している。よくぞ行かせてくれたと思う。

それから、何十年も経ち、父は胃がんになった。かなり進行していて、全摘出《ぜんてきしゅつ》になった。胃につながるリンパをすべて切り開き、転移を調べた。転移があった。大手術になった。やっと麻酔からさめ、大手術を終えた父を家族みんなでねぎらった。

「お父さん、大変だったね。よく頑張ったね」

そのとき、弱々しい声で、父が言った。

「……あのときより、つらくない」

初めは何のことを言っているのかわからなかった。

「あのとき」、それは、情けない息子に、あえて自分の不合格を見せる決断をしたときのことだった。

自分の命がなくなるかもしれないというときでさえ、親は、何十年も前のわが子のつらさを思って心を痛めている。父は、自分の決断が息子を追い込んだことをずっと気にしていた。

（……親とはそういうものなのだな）

何十年も経って、自分の受験騒動の真実を知った僕は、親の愛というものの大きさを感じないわけにはいかなかった。

今、担任している子どもの親たちに、僕が寛容《かんよう》なのは、そのときのことがあったからだと思う。

（きっと親ならそう思いたくなるだろう）

そう判断する。

そして、自分がカウンセラーとなり、悩み苦しむ子どもや親たちの役に立とうと思うのは、自分自身が苦しんできたからだ。

受験に失敗したトラウマを持つ子のカウンセリングなど、今の僕にはお手のものだ。なぜなら自分が失敗を経験した人間だから。

人生は、なかなか奥が深い。何がどうなって、どうつながるのか、神様ではない未熟な我々人間にはとても見極めがつかない。

いつも、（そうか、こんなどんでん返しになっていたのか。やられた）と思う。

そう。そうなんだ。この受験の失敗も、このままでは終わらなかった。

11・一番になろう

第二志望の高校に入った僕は、すっかりやる気をなくしていた。自分はここに来るはずではなかった。そんな思いがいつもあった。勉強をやらなければ、落ちる。骨身にしみたはずなのに、そして、競争が苦手でそれから逃げた結果なのに、その厳然たる事実をなかなか受け入れられなかった。

いつの間にか、ゆがんだプライドだけが、増幅されていた。

そして、僕の高校は英語教育に力を入れている学校だった。英語の授業だけは、グレード別授業と呼ばれ、AからEまで、成績順に分けられた。

僕は、当然Aクラス。それもAの上位グループのはずだった。しかし、発表されたグレードはCクラスだった。

ショックだった。

「この学校で、Cクラス?」

プライドはずたずたになった。(この学校をやめて、浪人してもう一度みんなのいるあの高校を受け直すか……)。そんなことも胸をよぎった。

しかし、思い切った決断もできないまま、ズルズルと日が過ぎていった。

そして、一学期の中間テストがあった。

やる気を失っていた僕だが、そこそこの成績だった。クラスで、成績表が配られ、それをぼんやり見ていたら、突然声がした。

「おっ。加藤すげえ。いい成績じゃん。俺なんか、どっしょもないよ」

トミタだった。

「お前、こんなに賢かったんだ。加藤がいてくれてよかった。頼《た》っのもしーい」

屈託《くったく》のない笑顔を浮かべ、人の成績表をのぞき見たのに悪びれもせず、大声でそんなことを言った。「頼もしい? こんな僕が?」

三月の不合格以来、ずっと落ち込んでいた心に、サッと陽の光が差したような感じがした。

おそらく僕は、入学以来初めて、心から笑ったと思う。

それは、思いがけず成績をほめられた、というだけでなく、トミタの笑顔があまりに自然で素敵だったからだ。

後でわかったことだが、トミタは、高校入学の時点ですでに全国に名前が知られるほど優れたテニスプレーヤーだった。

一つのことに秀でた人間は、自分に自信がある。だから、他人のことも自然に本気でほめる。

本当に爽《さわ》やかなスポーツマンだった。彼は、今、だれもが知っている会社で大活躍し、母校で後輩たちに向かって講演をするまでになっている。鬱々《うつうつ》としていた僕に一瞬で希望を与えてくれた彼には、十分その資格がある。

トミタの作為《さくい》のない言葉が、心に飛び込んできた僕は、何かが変わった。（考えてみたら、自分は今まで一度も何かで一番になったことがなかった。自分にも一番になれるのだろうか。一度だけ、一番をとってみよう）。そんな思いがあふれてきた。

そして、僕は、勉強を開始した。

永遠に頑張り続けるわけではなく、一度自分が一番になれることを証明できたら、それがゴールだ。気が楽だった。やる気が出た。

当然、どんどん成績が上がってくる。あっという間に学年で一ケタになった。これならすぐに一番だ。そう思ったが、一番はやっぱり難しかった。いつもあと一歩だった。しかし、ついに成績カードに一番の文字があった。思い立ってから、二年が経っていた。うれしいというより、ほっとした。ああ、自分なんかでも、頑張れば一番になれるんだ。自分はだめな奴ではなかった。それが証明できたと思った。

ここからが、僕の僕らしいところで、やっぱり競争は苦手で、一度一番を手に入れたらすっかり満足してしまって、あとはのらりくらりと勉強して、成績は下降線に入っていった。

それでも、これまでの実績で、行きたいと思っていた京都の大学から推薦の話が来た。小学校の頃聞いた話だったか、父には行きたい大学があった。祖父が戦死し、長男の父は家族を支えるため親戚の家に世話になり働いていたので、とても大学など行けず、東京に行き、その大学の前で、そこの帽子だかバックルだかを買ってきた、と寂しそうに笑っていたので、その大学を受験しようと思っていた。

父の思いの残る東京の大学を受験するか、はたまた推薦が来ている京都の大学か。悩んだが、結局、京都の大学の推薦を受けることにした。

おそらく、競争嫌いの性格と、高校受験失敗のトラウマが影響していたと思う。相変わらず、勝ち負けを競う競争は苦手だった。

12・大好きなものを見つけなさい

京都の大学に入学した僕は、ある日、キャンパスで、後ろから肩をたたかれた。これが、神様の用意してくださった人生のどんでん返しだった。

「よお。ちゃおちゃん」

僕をちゃおちゃんと呼ぶ京都の友達はいないはず。

驚いて振り返ると、そこには、あの高校受験で合格したカワノが立っていた。

「えーっ。お前、ここ来たの?」

「うん。そうなんだよ。よろしくな」

そう言って、カワノはニヤッと笑った。

驚いた。

仲良し五人組のうち、僕一人が落ちて、みんなと別れ、落ちこぼれになったと思っていた。もうみんなは違う世界に行ってしまったと思っていた。

「自分は、カワノたちと比べて、大きな遠回りの人生を送るんだと思っていたけど、なんだ、結局、同じなんだ。自分は、ちっとも遠回りなんかしてなかった」

その瞬間、肩と心にあった鎧《よろい》のようなものが、ガシャンと脱げ落ちた。

心がふんわりと自由になった気がした。

今は、高校もあの学校に行って、本当によかったと思う。楽しい良い仲間と出会い、充実した三年間を過ごした。嫌なこともたくさんあったけど、何とかなった。自分は、もう高校受験のことはすっかり消化して、それは、過去のこと、こだわりはもうないと考えていた。

でも同じ大学でカワノに会って、音を立てて心の鎧が脱げ落ちた瞬間、自分は、まだずっとあの受験の思い出に縛《しば》られていたんだと思った。

「そう考えると、受験っていったい何なんだろう」

「偏差値の一点に、成績の順位に一喜一憂していた自分は、本当の自分だったのだろうか」

「自分が落ちこぼれたと思ったり、そうでなかったと安心したり……どちらも結局それに縛られていた……」

僕は、ずっと考え続けていた。それは、大学時代前半の僕の大きな課題だった。

そして三回生になったとき、大きな出会いがあった。

社会学者の三沢謙一《みさわけんいち》先生との出会いである。先生は、喫茶店でも研究室でも、シャーロックホームズのように、パイプをくゆらせて、僕らとの議論に加わってくださった。

カッコよかった。形から入るタイプの僕は、すぐに京都の店で安いパイプを買って、三沢先生のまねをしてみた。鏡に映ったその姿は、シャーロックホームズからは、およそ遠く、昔、どこかの土産物屋で見たパイプをくわえた木製のカエルに似ていた。

ホームズとカエルの隔《へだ》たりは、埋めようとする気持ちをなくさせるほど遥《はる》かに大きく、ほどなく僕のパイプは、ほこりをかぶり、狭い部屋の隅《すみ》に転がった。

しかし、三沢先生は、シャーロックホームズになるよりもっと良い贈り物をくださった。僕の課題の答えである。

ある日、ゼミの発表を終えた僕に先生がおっしゃった。

「加藤くん。まずは、大好きなものを見つけてください。見つけたら、それへのアプローチの仕方を考えるんです。それが、幸せに生きるコツです」

僕は、その言葉に、雷に打たれたような衝撃《しょうげき》を受けた。

「そうか。そうなんだ。何で今まで、こんなことに気がつかなかったんだろう。僕はもう人と比べることから降りよう。大好きなものを見つけ、それを極めていきたい」

教員になった僕は、学校の懇談会や講演会でときどき話してきた。

「いいですか。皆さん。まずは、三十五歳までに、一生を賭《か》けても悔《く》いのないような大好きなものを見つけるんです。それは、勉強でもスポーツでも人でもなんでもいいんです。そしてそれを見つけたら、次は、アプローチを考えるのです。サッカーが好きだから、サッカーの選手になる、というだけではありません。サッカーを心から愛しているなら、スポーツ用品メーカーに入り、サッカー選手が喜んではきたくなるようなシューズを開発してもいいんです。ゲームが好きならゲームソフトの会社に入って、世界中の子ども達が夢中になるようなサッカーゲームを作ってもいい。サッカーのプロにならなくても、近所の小学生にボランティアで、サッカーを教えてもいい……。道は無数にある。そのアプローチの仕方を見つけて、現実にかなえるんです。夢は、見るものじゃない。かなえるものです」

そんな話が口をついてスラスラ出てきた。うーん。我ながら、いいことを言う。あのときそう思っていたけれど、そういえば、三沢先生からの話が土台になっていた。

「僕の大好きなもの。それは、何だろう」

三沢先生の贈り物から出てきた僕の答えは二つだった。

それは、「自然」と「子ども」だった。

小さい頃から、生き物が大好きだった。

友達にも人気のカブトムシはもちろん、みんなが嫌がるヘビでもカエルでも、何にでも興味があった。

あのネズミ釣り騒動を起こすちょっと前にも、学校の裏庭にいたアオダイショウがあまりに涼しげに格好よかったので、捕まえて教室の机の中に入れておいた。昔の机は今のように手前に穴がなくて、天板がはずれ、そこから教科書やノートを入れる仕組みだったが、勉強道具などはすべて出してしまい、そこに土をしいて草を植え、ビニールで防水して小さな水場まで作って入れておいた。しかし授業中に逃げ出して、ヘビの嫌いだった先生に気が遠くなるほど怒られた。

家で飼っていたネコの出産には徹夜で何度も立ち会った。こたつや押し入れにもぐって、ずっと観察していた。出産が始まると、まるで自分がまるで母ネコになったような気がして、出産の痛みまで感じるようだった。

生まれた子ネコが母ネコのおっぱいを探り当て、ジュクジュクと音を立ててミルクを飲みはじめると、安心して自分も寝てしまった。

自分と違う格好をしているのに、同じように命があって生きていることが不思議で、どんな生き物も、近くでよく見たくて仕方なかった。かわいくて仕方なかった。

里山の自然の美しい風景や音も大好きだった。

虹が近くに現われたときは、その根元をさわれると思って、どこまでも追いかけていって、迷子になった。

青い麦の穂が風に揺れるさまは、ふだんは目に見えない風の形が現われて、おもしろくていつまでも見ていた。

神社の鎮守《ちんじゅ》の森の大木には、本当に何か神様のようなものがいらっしゃる気がしてならず、思わず頭を下げずにはいられなかった。

カブトムシのつやつやした茶色の勇壮《ゆうそう》なさま、ナナホシテントウの赤の鮮やかさ、小川のコポコポというかわいらしい流れの音、アオダイショウのひんやりとした感触、夕焼けのあの胸にしみる感じ。タンポポの温かさ、青空に入道雲のコントラスト、新緑の木々の美しさ……。

生き物といれば、自然の中にいれば、ただただうれしかった。

そして、「子ども」

自分の心の中に、小学生ぐらいの子どもがずっといる気がする。そこの部分はなにか成長していないのだ。成長しないというか、年をとらないというか……。近頃は昨日の夕食のメニューがどうにも思い出せなかったり、教室から職員室まで忘れ物を取りに来て、途中で子どもに「おはよう」とあいさつしたら、何を忘れたかを忘れたり、若い先生たちの笑いものになっているが、子ども時代のこととなると、不思議にとてもよく記憶している。特に、子ども時代のしょうもない出来事の自分の心の動きを、とても細かく思い出すことができる。だから、この原稿も書けるわけだ。自分が担任している子を叱ったり、ほめたりするときも子どもがどんな受け止め方をするか、よくわかる。

自分の中の子どもの部分が、今の自分に教えてくれるような感じだ。

大学生のときも児童文学や絵本を社会心理学の立場から研究していた。そうしたものをテーマにすると、自分の中の子どもが喜んでくれるのだ。

今でも担任している子ども達を見ていて、子どもらしい一面が見えると、かわいくて、うれしくて、心が微笑《ほほえ》んでしまって、その日一日幸せな感じがある。どういうことなのか自分でもよくわからないが、それが好きということなのかと思う。

大好きな「自然」と「子ども」。この二つから離れないで、ずっと一緒にいられるライフスタイルを作り出すことが、三沢先生の教えてくれた「アプローチの仕方」だった。「そうだ、小学校の先生になって、子ども達に会えない長い休みは、世界中の自然に会いに行こう」

これが、僕の答えだった。

それは、とても魅力的な考えだった。

教員になるには、教員免許をとって採用試験に受からなければならない。それは、僕の苦手な競争のはずなのだが、誰かに勝つとか一番になるというような、僕にとって気疲れするようなことではなく、自分の「大好き」の思いがどこまで本物か、試してもらうようなものだ。(これからは、誰かと競争するのではなく、ずっと自分の『大好き』を深めていくんだ。自分にしかできないことがきっとある。それが、自分が生まれてきた意味になるんだ）。そんなことを思っていた。

長い話になってしまったけれど、だから受験生のみんな、大丈夫なんだよ。受験の中で一番悲しいことは、不合格になることだと思う。でも、人生はそんなことで終わらない。人はそれすら、生きる力や夢を見る力に変えることができるんだ。

もしもタイムマシンがあったら、あの発表のとき、自分だけ番号がなくて、頭の中が真っ白になった自分や、切ない夫婦げんかをしてくれた親たちの目の前に現われて、今の自分の姿を見せて、「ほらね、大丈夫だよ」、そう言ってやりたい。あのつらさを消してやりたい。でも、それができないのも、人生の妙味なのかもしれないなと今は思う。

13・「先生」になった

大学を卒業した僕は、地元群馬に帰ってきた。

幼い頃の母の口癖は、「大器晩成」「山椒は小粒でもピリリと辛い」だった。それが、僕が成長していくにつれ、もう一つ加わった。

「いい？　うちは商人の家だから、いつどうなるかわからない。だけど何があっても、あなたたちを大学までは出してあげるから、あとは自分で生きていきなさい」

大学を卒業した僕にはそのタイムリミットが来たのだ。

世の中をリードするヒーローは、ここで、その母の言葉を胸に、親元から離れ、幾多の試練を乗り越え、大輪の花を咲かせるサクセスストーリーになるわけだが、主人公が僕なので、そうはいかない。

母の言葉は至極《しごく》もっともな話で、両親は、言葉のとおり僕ら兄妹を育ててくれた。

ところが僕は、ここへ来てなぜかぐらついていた。

三沢教授と出会って大きな示唆《しさ》をいただいてからは、特に（もう、迷わない。目標に向かってまっしぐらだ）と思って走ってきた。二十歳で単身アフリカに行き、世界の自然を体感してきた。教員免許を取るコースも無事終了した。

もう何も気になることはなかったはずなのに、採用試験の受験勉強をする手が止まってしまった。結果……不合格。

高校受験のようなショックはなかったけれど、とりあえず、地元で来年に備えるために戻ってきた。居候《いそうろう》である。

そして、すでに持っている中学、高校の教員免許の他に、小学校教諭の免許を取るために玉川大学の通信教育を受けはじめた。

通信教育でも、夏には、スクーリングといって、大学まで行って、講義を受ける。

高校時代の親友、フカイが東京にいたので、彼の下宿に泊めてもらった。

下宿から電車で大学へ行く途中、駅でふと見上げると、ツバメが巣を作っていた。ヒナはもう、親鳥と同じ大きさで、巣からはみ出ている。それなのに、親から大声でエサをねだる姿を見て、何だか、いらだちを覚えた。（もう自分でエサをとれるだろ。いつまで、親に世話になっているんだよ）

そう思った瞬間、ふと気づいた。

（そうか……これが今の自分の姿なんだ）

そんなとき、教育委員会から電話があり、病休を取った英語の先生の代わりに、中学で一ヵ月ほど臨時の教員をやらないか、と誘われた。

本物の先生になるのだ。チョークを持って、黒板の前に立って、子ども達に授業するのだ。希望していた小学校ではなかったが、それでも先生は先生だ。ツバメのことがあったので、ドキドキしながらも引き受けることにした。

頭の中では「三年B組金八先生」や「熱中時代」など、教育ドラマの名場面がリピートされ、自分があの大好きだったドラマの中に入っていくような高揚感《こうようかん》があった。

しかし、どんな仕事もそうだろうが、外側から見る仕事と内側から見る仕事はまるで違う。教育現場もそうだった。

外から見たものが偽物《にせもの》で、内から見たものが本物。そんなわけでもない。外にいたのでは、見えないことがたくさんあるのは事実だが、内というのは、大きな渦の中に取り込まれてしまったようで、その仕事に関わる根本的なことを見逃してしまうことだってある。プロが陥《おちい》る落とし穴だ。

それがわかるようになるには、かなりの時間がかかる。たくさんのつらい思いとたくさんのうれしい思いを経ないと、そこまでたどり着けない。

新米教員にも届いていない僕にあったのは、「先生」になれるというただの高揚感だった。そして、採用試験の勉強からしばし眼をそらせる言い訳になる安心感もあった。市内でも有数の落ち着いた中学校だった。勤めている間に生徒指導上の問題なんて、ほとんど起きなかった。

僕が朝、教室に入っていく。

「起立」

さっとクラスの中学生が立ち上がる。

「注目」

ほぼ全員の顔がこちらを向く。

「礼」

「おはようございます」

僕は、子ども達に笑顔を向けて、

「オハヨー」

と声を出す。

ドラマでは当たり前のあいさつ風景だ。

クラス全員をコントロールしているような密《ひそ》かな快感があった。

こうした当たり前の状態を作り出すのに、陰で周囲の教員や親たちがどれだけ子ども達へ愛情を注いできたか、そして、人は決して他人の意のままにはならない生き物だということなど、まだ気づくすべもなかった。

授業は「英語」と「社会」を担当した。専門は社会心理学なので、教員免許は一応社会ということになる。大学の社会学や社会心理学は、同じ社会と名前がつくものの、中学の社会とは相当違う。英語は、ただ単に英語が売りの高校、大学を出ただけの理由で雇われたらしい。その中には落ちこぼれもいることは計算に入っていないらしい。こんなことになるなら、もっと真面目にやっておけばよかった。

英語は、発音から、文法まで、多くの予習を必要とした。社会も中学から勉強のやり直しだ。不安の中の仕事だったが、真面目に取り組む生徒ばかりで、授業もすいすいと進む。同じ授業をクラスを替えて何度もやるので、最後のほうのクラスは、ギャグまで入れて、盛り上げる余裕もあった。

若い男の先生というだけで、なにやらポイントも高く、子ども達は本当によくなついてくれた。学校から家がすぐ近くだったので、休みの日には、クラスの子ども達が自宅まで遊びに来た。夢中で、人生について語り、多感な中学生はそれに心を動かし、涙までした。

まるで金八先生だった。

そして、あっという間の一ヵ月だった。

退任式の日。大きな花束を代表の子からいただいて、全校生徒の前でスピーチをした。

「初めて、先生になってみて、先生という仕事は、片思いの仕事だと思いました。みんなが気がつかないでいるときにも、先生たちは、みんなのために頑張っていることを忘れないでほしい」

そんなことを話した。

クラスでの涙のお別れ会の後、一人の女子中学生が、そっと手紙をくれた。また、お礼の手紙だな、と思って、

「ありがとう」と言って受け取った。

子ども達が帰った後、しばらく職員室で仕事をしていた。そして、教室に忘れ物を取りに戻った。階段の踊り場まで来たときにけたたましい声が上がり、たくさんの中学生が駆け下りてきた。うちのクラスの子ども達だった。もうとっくに下校時刻を過ぎていたのに、悪びれもせず、大騒ぎをしていた子ども達を見て、僕は何だか裏切られた気がした。

「今、何時だと思っているんだ．今日がどんな日だかわかっていたのか。先生と君たち

との大切な最後の一日だったんだぞ」

その言葉は、確実に生徒たちの心臓をとらえ、突き刺さったようだった。

一瞬でしんとなり、沈黙があった。

生徒たちは、本当に真剣な顔で、

「先生、すみませんでした。ごめんなさい」

何度も謝った。

僕は、笑顔も見せず、

「とにかく、もう遅いから帰りなさい」

と言い、階段を上がっていった。

（なんで、よりによって、この最後の日に大騒ぎして……）

教室のドアを開けた。

えっ。

前と後ろの黒板には、

「先生、ありがとう」

「大好き」

「絶対忘れません」

そんなメッセージが、丁寧なイラストと一緒にびっしりと書いてあった。

渾身《こんしん》のメッセージボードだった。

（あいつら、これをずっと書いていたんだ……）

そんなことに思いも寄せず、ただ、自分の思いが裏切られたと腹を立てていた自分が恥ずかしかった。申し訳なくて、力が抜けて、椅子に座り込んだ。

何気なく、ポケットに手を入れると、後からもらった一枚だけの手紙が手に触った。

さっき僕が叱った子の中に、あいつもいたな、と思って、手紙を開いた。

そこには、

「先生、今まで本当にありがとう。先生は、退任式で、教師は片思いの職業だと言っていたけど、本当は、私たちも片思いなんです。また会えるといいです。さようなら」

と書かれていた。

「私たちも片思い」

ほんとにそうだなと思った。

あれから三十年以上が経った。

あのときから今まで、子ども達から教わることばかりだ。誰かに、「教員とはどんな仕事か」と聞かれたら、「子ども達から教えてもらう仕事だ」と答えるだろう。特にできの悪い僕を子ども達は手を替え、品を替え、教え続けてくれている。


中学の臨時教員の仕事が終わるとすぐに、小学校から誘いが来た。それもすぐに受けて、忙しい毎日が続き、あれこれ考える暇もないほどだった。「先生」と呼ばれることにも慣れた。

しかし、逃げ続けることができないものがあった。教員採用試験である。こんなに忙しいんだから、勉強ができなくてもしかたない、と思った。また来年だって、その次だって、何度でも受けられるんだから、今は、目の前の子ども達のほうが大事だ、と思った。


ところが、試練は突然やってきた。やはり、人生のツケは払わねばならない。

その日、母が沈痛な面持ちで、僕を呼んだ。

「久雄さん、落ち着いて聞いてちょうだい。実は、おばあちゃんが、ガンなの。来年までは、もうもたない」

「…………」

言葉が出なかった。

両親が会社をやっていてとても忙しく、僕は本当に祖母に世話になった。

母方の祖母は、父が経営する会社の工場兼住居に祖父と住んでいたが、僕の住む家に毎日のようにやってきた。見た目は穏やかだが、熱い情熱を胸に秘めた人だった。僕や妹のやることを何でもおもしろがって、よく笑った。

ふだんは穏やかなのに、テレビでプロレス中継が始まると、人が変わり、ひいきのレスラーが相手を担ぎ上げ、ボディスラムでマットに叩きつけるとき、

「よーし、ドーン」

と擬音《ぎおん》を入れ、夢中で応援していた。ジャイアント馬場が苦しそうに、歯を見せて息をついていると、

「何やってんだ。馬場。笑ってる場合か」

と馬場さんが聞いたら泣くようなことを叫んでいた。

興奮のあまり、そんな状況判断すらつかなくなっていた。

あの穏やかな婆さんがなんでこんなに人が変わるのか、僕は最後までわからなかった。あの頃はみんなそうだったと思うけど、若い頃から貧しくお金の苦労が絶えなかったせいか、物をとても大切にした。大切にするだけでなく、特価品を見ると買わずにはいられなかった。いま手に入れておかないといつか買えなくなると思っているようだった。高崎は商業の町で、「えびす講《こう》」と呼ばれる商人のお祭りがある。

祖母の大好きな特価品が町にあふれる。

祖母は、プロレス中継並みの集中力で、高崎中の安物を買いあさった。年寄りに持てるような量ではないので、妹に指令を出す。

「あのね、○○の店と△△の店に行っとくれ。荷物が預けてあるから」

妹があちらこちらに預けた荷物を集めて回った。

そこで買ってきたものは、確かにただのように安いが、どう使ったらよいか、首をひねるものばかりだった。

たとえば穴の開いた水泳パンツ二枚。これは、叔父に買ってきたらしいのだが、叔父がこんなものはけないと文句を言うと、二枚の水泳パンツの穴の場所が違うので、二枚重ねてはけば使えると言う。右だけの靴をいくつも買ってきたこともある。おばあちゃん、どうやってはくんだいとみんなはあきれたが、ちょっと我慢すれば大丈夫、とのことだった。

物を捨てるという感覚は祖母にはなかった。使えないという状態になるまで、使い切るのが、祖母の物に対する思いだった。

僕と妹は、そんな祖母がおもしろくて、よく祖母のものまねをして笑っていた。

祖母には、若い頃夢があった。小学校の教員になる夢である。ところが中耳炎になり、片耳が聞こえなくなり、その夢をあきらめたと言っていた。

数年は臨時で教員をやっても、いずれは家業を継がなくてはならないのか、と悩む僕に、

「久雄、お前は先生になったらいいよ。商売はお前には向いていないよ。なりたいものになるのが一番いい。お前は先生が似合っている」

長男が家業を継がなければ、どんなやっかいな状態になるのか、よくわかっているはずなのに、いつもそう言って、僕の味方をしてくれた。

その祖母が来年までもたないという。

それは、僕の採用試験のタイムリミットでもあった。生きている祖母にどうしても採用試験合格の知らせを届けなくてはならない。それが、生まれてから今まで世話になり

続けた祖母へのたった一つの恩返しだった。

僕は、生まれて初めて本気で勉強を始めた。

あの時期、寝た記憶がほとんどない。もう倒れても、死んでもいいやと思った。ただどんなことがあっても合格の知らせだけは祖母に届けなくてはいけない。それができなかったら、自分の存在価値はないと思った。

集められるだけの参考書を集めた。どんなわずかな取りこぼしがあってもいけない。なにしろ、祖母に合格を知らせるチャンスはたった一度しかないのだから。

ペスタロッチ『隠者の夕暮れ』『白鳥の歌』『ゲルトルート児童教育法』、カント『教育学講義』、「人間は教育されなければならない唯一《ゆいいつ》の被造物である」、フンボルト「ベルリン大学創設」、ルソー『エミール』、主観的自然主義……。

何の役に立つのかまるでわからない。でも片っ端から頭にたたき込んだ。

鼻をかむのも嫌だった。覚えたものがそこから出てしまいそうな気がしたから。自分にできるすべてのことをしたと思う。

そして、試験日。

地元大学の学生は、大変な人数で受験しており、

「よおー久しぶり」

「げんきぃー」

などと、まるで同窓会のように余裕だった。

僕は、とてもそんな気分にはなれなかった。

(競争の苦手な僕だけど、おばあちゃんのために僕ができる最後のことだから、悪いけど、必ずあなたたちの上をいくよ)

試験が始まった。

ゆっくり深呼吸をして、問題用紙を開いた。問題を見た瞬間に、答えが頭の中に飛び込んできた。わからない問題などなかった。

試験終了の合図が聞こえた。

鉛筆を机に置いた瞬間、(間違いなく、受かった)と思った。

やがて合格発表があった。

合格していた。

母は、すぐに病室の祖母に知らせに行った。

祖母は、遠くを見つめ、涙を浮かべ、

「もう、思い残すことはないよ」

そう言った。

それからまもなく、祖母はこの世を去った。

14・命って何だ？

正規の採用教員となった僕は、県の辞令交付式へと向かう。

大きな会場で、その年採用になった教員たちが、一人一人名前を呼ばれ、返事を返し、辞令を交付される。

社会に出て思うのは、あいさつ、返事の大切さ。

生徒指導の本には、ときどき、「あいさつ、返事は、親が子に渡すきび団子」などと書いてある。かの桃太郎は、母親代わりのおばあさんにきび団子を作ってもらい、それを上手に使って、犬、猿、キジをお供にして、鬼ヶ島の鬼を退治するという大願を成《じょう》就《じゅ》させる。

あいさつ、返事がきちんとできると、それだけで、社会の荒波を渡る強力なアイテムとなり、その人の思いをかなえられるということだ。

そんなわけで、僕は、返事に相当気合いを入れていた。

自分の名前が呼ばれたとき、これからの長い教員生活を占《うらな》う大事な瞬間として、最高の返事をする、それが、今日のミッションだった。

何度もイメージコントロールする。

（加藤久雄　ハイ！　加藤久雄　ハイ！　加藤久雄　ハイ！）

次々に仲間が名前を呼ばれていく。呼名のたび、教育長がステージ中央で、鷹揚《おうよう》にうなずく。

もう少しで自分の番が来る。

多少、緊張しているが、大丈夫。採用試験を思えばわけもない。

隣の先生が呼ばれた。（よし。次だ）

「カトウ」

ちょっと名字と名前の間に間がある。（うん。いい間だ）

息を思いっきり吸う。（ヒサオの後に間髪《かんぱつ》を入れずに、最高の返事をする）

名前が呼ばれた。

「ヒサヨ」

ええっ。しかし、返事をしないわけにはいかない。

「ふわーい」

男なのにヒサヨと呼ばれた動揺で、とんでもなく寝ぼけた返事となった。

何百人も呼ぶのだから、疲れると思う。ご苦労様ですと思う。でも、ヒサヨはないでしょう。僕のやることなすことにいつも喜んでいた天国の祖母は、爆笑していたに違いない。

大好きな写真家、アラスカの自然と向き合った星野道夫《ほしのみちお》さんのエッセイの中に、「人生とは、何か予定していた時に起こる、まったく別なこと」とあった。至言《しげん》だと思う。

ともあれ、けちのついた初日スタートではあったが、カトウヒサヨ改めカトウヒサオは長い教員人生を送ることになった。


あれから、今日までの教員生活。失敗ばかりでいつもバタバタと飛び回っていたような気がするが、この仕事をとても気に入っている。泣きたいほどつらいこともたくさんあったし、うれしくてうれしくて、子ども達の前だというのに、涙したこともあった。子どもから教わる仕事なので、その中から多くの学びがあった。不登校児への対応、親の思い、命の特質、子どもに通る言葉、はじかれる言葉、いじめの構造、輪切りではない縦につながる時間……。

一つの仕事を長く続けていると、これまで見えなかったことがどんどん見えてくる。また逆に外部の人から指摘され、気づくこともある。そこでいろいろ感じること、考えることがあった。むろん全部がわかったわけではないけれど、一部でも、それを自分一人の中にしまっておくより、みんなで考えたほうがきっといい。

特に教育、つまり人を育てることの重さや喜びや悲しみは、みんなで共感しながら、分け合って進むのが一番良いと思う。なにせ、その子たちがやがて世界中に広がり、未来の世の中を作っていくことになるのだから。

「だめ」と「下手」の違いなんて考えたことがあるだろうか。

昔、チューリップの球根の話と一緒に、宇城憲治《うしろけんじ》先生という武術の先生に教えていただいたことがある。

一般には、だめも下手も同じように使う。

「お前、テニスだめだなあ」

「お前、テニス下手だなあ」

しかし、この二つは大きく違うそうだ。

たとえば、だめというのは、新幹線に乗って高崎から東京へ行こうとするときに、間違えて、下りの新幹線に乗って、新潟に行ってしまうようなものだ。これは頑張れば頑張るほど、目標から離れていく。

一方、下手というのは、高崎から新幹線で東京に行くのに、間違えて、鈍行列車に乗ってしまうようなものだ。とても時間はかかる。しかし、いつかは東京に着く。もっと言えば、歩いて行ったっていい。道さえ間違えなければ、東京に着く。

案外、歩きのほうが周りの景色がよく見えて良いかもしれない。

それは、もちろん、「上手」が一番いいけれど、「上手」は本当に難しい。だからまずは、「だめ」ではなく、「下手」を目指そうと思う。

僕は、プロの教員として何万時間も授業をしてきたけれど、残念ながら、上手な授業ができたと思ったことはほとんどない。全員の子どもに勉強をわかってもらうのは、プロならまあ普通だ。でも実はそれすら難しい。さらにそれを超え、相手に生きる希望が生まれたか。百点満点の授業と思えたなんて、一度もない。いつもどこか改良、反省するところがある。

自分の授業レベルが上がれば上がるほど、自分の目も肥《こ》えて、アラが見えてしまう。うまくいったなあという授業だって、子どもがこちらの予想を超えて、それ以上に頑張ってくれたにすぎない。もう一度やれと言われても、おそらくできない。

だから、上手になるのは本当に難しい。まず、下手な先生になることが大切だと思う。下手になるためには、目標が見えていなくてはいけない。東京と新潟を間違えたら、下手にはなれない。

教育の目標ってなんだろう。それは、命を育てることだ。しかし、それだけでは、どちらに進んでいけばいいのかわからない。だから、命を育てるためには、その命の正体、特質を知る必要がある。

こんな論理展開で格好よく書くと、大変なことを伝授するかのようだが、実は、「命の特質」は、僕もよくわからない。

でも、さすがに長いこと子ども達と一緒に過ごし、多くの師と呼べる方々と出会い、あれこれ体験してくると、少しわかってくる。これが、絶対正しいなんてことは決してなく、ああ、こんな考え方、こんな見方もあるんだ、と思ってもらえたらうれしい。

15・命は、愛情を自分に向けようとする

他の野生動物と比べると、人間は、かなり未成熟な状態で生まれてくる。これがシカだったら、生まれて十五分ほどで歩きはじめる。タコの赤ちゃんだって、孵化《ふか》してすぐに自分でえさをとる。母親はタマゴの世話をした後、子どもの孵化を見届け、すぐに死んでしまうからだ。

人間はというと、自分でご飯を食べるなんて、とても無理。歩くなんてとんでもない。それは、自分を慈《いつく》しみ育ててくれる親が、必ずそこにいてくれることを命をかけて信じて生まれてくるともいえる。

しかしながら、まず、人の赤ちゃんにできるのは、大きな声で泣き、親の注意を集めることだけだ。もし、気づかれず世話をしてもらえなければ、命を失う。

その欲求は多くの人の場合、生涯続く。

これは、人の命の大きな特質だと思う。もちろん、他の生き物にも似たことはあるが、人のそれは、きわめて強力だ。

昨日も、休み時間校庭を歩いていたら、

「先生、見て、見て」

クラスのユキノちゃんが僕を見つけて、引っ張っていく。

「なに？　なに？」

すごい勢いで引っ張られて、鉄棒に着くと、ユキノちゃんは、パッと鉄棒に飛びつき、クルリと逆上がりしてみせた。

「オーッ」

前日までこの子は逆上がりができなかったはずだ。思わず、拍手した。

「エリちゃんに教わって、逆上がりができるようになっちゃった……！」

ユキノちゃんは満面の笑顔で、そう言った。

そんなときの子どもの顔は本当にかわいい。

その後、職員室に帰ろうとしたら、一年生が横にいる。児童数が千人近い小学校なので見覚えがないが、黄色い帽子なので一年生とわかる。なんだか元気がない。

「どうした？　大丈夫？」

すると、彼は、黙って、僕に小指を見せた。

そこには、バンドエイドがはってあった。

「ケガしちゃったのか」

コクンとうなずき、さらにうつむいた。

「痛かったなあ。我慢強いなあ」

と言うと、じわーっと涙ぐんだ。

僕が逆上がりを見ても、ケガした指を見ても、特別なにかをしてやれるわけではない。でも、子どもは、同じ時間、同じ想いを周りの人間と共有しようとする。ただ、見てほしいのだ。その人の関心を自分に向けたいのだ。

それが共有できると、これまで内に秘めていた想いが解放される。この広い宇宙に一人放り出された心が安心するのだと思う。

「見て。見て」「先生、これ」「できた！　先生」

小学生と一緒にいると、こんなことが毎日起こる。

中学生になると、こんなストレート表現はやや薄れ、もっと複雑な行動になることも多いが、本質はやはり同じだ。

不登校になって、親の愛情をこちらへ向けようとするのも、良い成績を上げて、認められようとするのもそれだ。親の注意を向けるためなら、なんだってする。熱も出せるし、ケガもできる。

大人になり、本物の自立心を身につけた人は、それが消える。本当に自立している人間は、ほめても、脅《おど》しても効《き》かない。感情にもおぼれず、どんな圧迫にも屈しない。しかし、ほとんどの人はそうはいかない。

前述した中学時代のNY電子の話を誰かにすると、感心されて、「いやあ、たいした自立心ですね」と言われることがあるが、あれは依存期にちらりと見えた自立へのポーズだ。派手にアピールするのは、偽物の証拠。自立してみたいけど、自信がないから周りから先に認めてもらいたいという心の反応なのだ。

僕も大人になってかなり年月が経っているので、自立した人間とはこう生きるものなのだと皆さんに見本を見せたいところだが、とてもそうなってはいない。

ちょっとほめられては得意になり、周囲の反応がないといっては落ち込む。それでも少しずつ、ぶれなくなってきているとは思うが、この調子で進歩していくなら、寿命が、三百年ほどないと、本物の自立心は身につきそうもない。

きっと年をとってあちこちが痛い痛いと騒いで、病院に連れて行ってもらうと、どこも悪いところがない、なんて爺さんになっていると思う。

いずれにしてもみんなこの愛情を集めるという命の特質が根源で働いている。特に子どもでは、この特質は絶対無視できない。

考えようによっては、ちょっと面倒な気もするが、この性質があるからこそ、人は、相手を思いやったり、相手を心配したり、相手が心配してくれたことで癒やされたりするのかもしれないと負け惜しみを言っておく。

ときどき親から相談を受ける。

「先生、うちの子、何回注意しても同じ失敗をするんです。どこかおかしいんじゃないでしょうか」

親の気持ちはわかる。でもこの特質をもとに考えると、こんなことになる。

「お母さん、子どもは親の注意をこちらに向けるためには、何でもするんですよ。不登校でも、非行でも。すべての理由がそこにあるわけではないと思います。でも、それは大きな影響力があります。お母さんがすごく忙しいときに限って、熱を出したり、ケガをしたりしませんでしたか」

「あ、そうです。そうです。私が忙しいときに熱を出しました」

お母さんは、驚いたようにうなずく。

「お母さんの注意が他を向いたからですよね。お母さんが、息子さんが良くないことをしたら叱る。それは、愛情のシャワーなんです。子どもの意識は、叱られるのはイヤ。叱られるくらいなら、嘘ついちゃえ、と思っていますが、無意識では、お母さんの注意、つまり愛情が自分のほうに向いて、うれしいんです。安心なんです。

大人はね、たいてい怒るときは、いらだって、本気で叱ります。

でも、ほめるときはどこかうわの空のことが多いですよね。大人は、子どものやることとは、何だかできて当たり前と思っているからかもしれないですね。すると、愛情の量から言ったら、怒られたときのほうが、たくさんでしょう。だから、悪い行動がさらに強化されていくんです。

人の命は、注意を向けられたほうに伸びていくものなんですよ。

だから、良い方向に行ってもらいたかったら、叱るときと同じくらい、本当の本気でほめてください。思いっきり、心を込めてほめてください。そうすれば、きっと変わってくるでしょう」

子育てでは、この特質を活かして、周囲からうまく愛情の水が注がれるといいなと思う。

16・命は、自由を求める

現在の僕は毎週、森の中にある「どんぐり亭」に出かける。どんぐり亭とは、僕ら夫婦が群馬の森の中に作った山小屋である。山小屋に住むことは、教員になったときからの夢だった。広い無農薬の畑と雑木林の境目に山小屋を建てた。そこで毎週末、不登校の子や子育てに悩む親たちのカウンセリングをしている。森や畑、つまりその土地の自然の力を借りて、みんなは次々に元気を取り戻している。

そのどんぐり亭に行く途中の山道にさしかかったところで、僕はいつも体中がゾワゾワする。

「むっ。細胞が喜んでいる」

いつだったか、体の感覚をそう表現したら、一緒にいた嫁さんにとても受けて、彼女

は爆笑した。それ以来、山道にさしかかると、おもしろそうに、

「ねえねえ、細胞、喜んでる？」

と聞いてくる。

実際、どんなに疲れていても、どんな厳しいカウンセリングであっても、どんぐり亭に行くと元気になって街に帰ってくる。やっぱり、自然が大好きなのだ。

しかし、どんぐり亭に来る子ども達の中には、ただ、脳天気に自然が大好きと言ってはいられないような子もいる。

病気の樹にだけ反応する子がいた。

「先生、あの樹は、病気なの？　先生はあの樹を治せないの？」

妙なことを聞くなあと思いながらも、

「病気のようだね。でも、森の樹は、自然のままにあるんだから、病気になって枯れてしまうのも、しかたがないのかもしれないよ」

と言うと、彼女はとても悲しそうな顔をした。僕はそのとき、はっと気づいた。

（この子は、自分と病気の樹を重ねているんだ。この樹が治せないのとは、先生は私が

治せないの、と同じ意味だ）

その子は、僕に愛想を尽かし、連絡をくれなくなった。

僕は、そのことが悔しかった。

「先生、あの樹、治せないの？」と聞かれたとき、「もちろん、治せるよ」と言いたかった。それで、（樹のお医者さんになろう）と思った。

日本で初めて樹のお医者さんになった山野忠彦《やまのただひこ》先生。その後継者の山本光二《やまもとこうじ》先生に弟子入りした。大阪まで通いつめた。ふだんの公立小学校教諭としての仕事のほかに、夜と週末のカウンセリングがあったので、勉強する時間はなかった。だから、群馬から大阪までの新幹線の中が僕の勉強部屋だった。体はきつかったが、本当に楽しかった。大阪まであっという間だった。自分から求める勉強は楽しい。不登校の女の子の役に立ちたくて始めた植物の勉強だったが、そこには驚くべき世界が広がっていた。僕は、植物の持つ不思議な力に魅了された。そして、命の偉大さに感動した。

樹木が僕ら人間と大きく違う点の一つは、そこから移動できないということだ。母樹から旅立った種は、一度大地に落ちて、発芽したら、生涯そこを動くことがない。その地を運命と定めて、そこでどんな環境でも寿命まで生き抜く。人工的に移植などをすることはあるが、自然からすれば、それはとても例外的なことだ。

僕が暮らす森の山小屋、どんぐり亭脇のどんぐりの樹から、バラバラと音を立てて、ドングリがふりまかれる。

そっと手に取る。つやつやのラグビーボールのような形。落ちて、どちらの方向にはねるか転がるか、わからない。まんまるの球形だったら、ドングリたちは、地面の傾斜のとおりに同じ方向にぎっしり集まってしまう。動くことができないドングリたちは、そこで一生を終えることになる。

母樹は動けないから、子どものどんぐり達がいろんな環境に散らばり、一個でもちゃんと生きていく可能性が増えるように、予測のつかない方向に転がるような形にデザインされたのだ、と僕は思っている。あれは母親の精一杯の愛の形かな。その思いをのせて、運良く、鳥や人間が遠くまで運んでくれることもあるだろうね。

植わっている生き物、だから「植物」。移動する生き物、だから「動物」。日頃、当たり前のように使っている言葉も、考えてみると、とてもよくできている。生まれた運命とか言われれば、そうなのかもしれないけれど、植物は何を思っているんだろう……。

樹木の治療で、根を傷めないように土を掘っているときや、「痛いよね。ごめんね」とつぶやきながら、腐朽《ふきゅう》した部分を切り取っているとき、よくそう思った。

先日は師匠の山本先生からの連絡で、奈良の神社の樹齢三百年の大きなクスの樹の治療を手伝った。すばらしいクスの樹だったが、地面の汚染から病気になっていた。生きている根を傷めないように、丁寧に丁寧に汚染された土をどかしながら、ふと巨大な幹を見上げる。

どうしても聞いてみたくなる。

「あの、すみません。ちょっと聞いていいですか。ここがイヤだと思ったことありませんか。別な所に行きたいとか、動けたらいいのに、とか思いませんでしたか」

僕は動物だから、やっぱり心の中には、常に「自由に動きたい」と思う強い欲求がある。自分が感じたとおりに動いて、自由に食べて、自由に寝て、自由に本を読んで……。誰にもじゃまされずに自由がいい。

子ども達もきっとそうだろう。

教室に無理やり閉じ込められ、したくもない勉強を、座りたくもない椅子にじっと座ってやる。なかなか大変だ。命の特質とは反対の方向だ。

クラスの子たちに話したことがある。

「あのね。大学では、決められた授業の中から、自分の好きな講義を選んで、時間表を好きに作るんだ。時間表を自分で作れるんだ」

子ども達は驚いて、叫んだ。

「うわあ。いいなあ。大学」

「えーっ。先生ほんと？　オレ、絶対、大学行こう。授業を全部体育にするんだ」

おいおい、君はこの前、「中一の姉ちゃんの宿題がめちゃくちゃ多いんです。先生、中学って絶対行かなくちゃいけないんですか」と聞きに来たでしょう？

大人だって、もちろんそうだ。

強制的に入れられた研修セミナーの空気の重たいこと、重たいこと。席が後ろのほうから埋まっていき、最前列が空いている。講師が上から目線で教えようとすると、「そんなこと知ってるよ」とか「そんなこと言ったって」みたいな反発した空気がそこ、ここでチラッチラッと出てくる。

大人になるにつれて、自分をコントロールするようになるけれど、いくつになってもやっぱり、人は心も体も檻《おり》の中に閉じ込められるのは、とてもイヤなのだ。

この命の特質とどう向き合うか。それは教育にとってなかなか大切な課題だと思う。僕は、どんどん大人になっていく子ども達を見送りながら、この三十年間、同じ年頃の小学生に出会い続けた。いわば、定点観測をしていたようなものだ。

そこで感じたのは、席に着けないで、ふらふらと歩き出してしまう子、先生の言葉がまるで心に入らない子、小さなことですぐにキレて友達に暴力を振るう子。そんな子が確かに増えているということ。

つまり、本来少しずつコントロールされていくはずの、この命の特質が強調されすぎて、コントロールが効かなくなっている子が増えているということ。

そこに目を向ければ、解決方法が見つかるような気がする。

こうした特質があるということから出発すれば、ふらふらと離席を繰り返す子、授業中に動き回る子は、自由でいたいという行動が、なぜちょうどよく制御されないのだろうと思える。まるで赤ちゃんのように幼い。本来なら、とっくにその原始的な反応から、認知的な反応に切り替わり、成長しているはずの脳の進化が遅れている。もしかすると、その部分がうまくつながっていないのではないだろうか。

それなら、作業療法士の木村順《きむらじゅん》先生が提唱しているように、脳の機能不全ととらえ、脳に流れ込んでくるさまざまな情報を交通整理し、その場面に適応した行動ができるように、平衡感覚を鍛《きた》えたり、触覚の異常反応をなくしたりする遊びを繰り返すことで、改善できるかもしれない。

または、心理学博士の森川綾女《もりかわあやめ》先生が紹介、指導している思考場療法（ＴＦＴ）という、心のとげをタッピングによって取り除くブリーフセラピー（短い時間で行なうセラピー）がある。東洋医学で使うツボをトントンと叩くことで、びっくりするような効果が出ることがある。東日本大震災でも大きな成果を上げているセラピーだが、自由にならないいらだちを認めてＴＦＴで落ち着かせ、その欲求を「楽しさ」と結びつけ、本来進化すべき方向に向けることができるかもしれない。

などなど、次々にその子の成長を支える教育的な仮説が生まれてくると思う。

自由に生きたいという欲求を、あってはならないものとして叱りつけ、力づくでたたきつぶそうとするところに、教育の未来はないだろう。森に住む者として、自然のリズムは決して好き勝手ではなく、みんなを統合する力になっていることを感じるから。

「下手」な教員になるためには、やはり、「東京」の方角を知る必要がある。自由の中には、みんなを幸せにする共通した方向がある。子ども達と過ごすなかで見えてくる命の特質は、とても興味深い。

もともと動けない樹は、動けないことに不満がないのかもしれない。毎朝、太陽の陽ざしをいっぱいに受け、夜は宇宙の星々の光を感じている樹木の心は、人よりはるかに自由なのかもしれない。

それなら、樹齢三百年のクスノキさん、動ける人間のほうがもしかして、かなり不自由なストレスを抱えていると思います。

17・空想力が人を動かす

大学時代、僕はアフリカを一人で旅した。

そのきっかけは、ヒヨドリのヒナだった。京都の銀閣寺の下宿から大学に行こうと自転車をこいでいたら、百万遍《ひゃくまんべん》という交差点近くで、黒い小さなゴミ袋のようなものが道の真ん中に落ちていた。（あ、ごみか）と思ったとき、それがもぞっと動いた。

それは、巣立ちしたばかりのヒヨドリのヒナだった。助けようと自転車を乗り捨て、道に飛び出したが、通行量が激しくて、とても行けない。そのとき、一台の車が、ヒヨドリのいるコースに走り込んできた。

「うわっ。ひかれる」

一番見たくない光景を僕が覚悟した瞬間、ヒナはかろうじて飛び立ち、僕のすぐ横をパタパタと頼りなげに飛び、歩道脇の生け垣に飛び込んだ。

僕は、そのときヒヨドリと目が合ってしまった。その目というのが、怒っているような、悲しんでいるような、なんともいえない目だったのだ。すごくショックだった。

「このままじゃいけない。この国はどこかで道を間違えたんだ。この国は、人にとっては豊かなよい国だけど、鳥や獣や植物たちにとっては、住みにくい場所になってしまった。ここことは逆に、動物たちが自由に走り回る国を見てこなくちゃ」

そんな思いが突然湧きだした。

自転車をすぐに下宿に向け直した。もう大学に行くどころではなかった。

下宿で、世界地図を開く。

「ここだ。アフリカだ」

そのとき僕にははっきり見えた。

三百六十度の地平線。その中を駆け抜けていくシマウマの群れ。木陰で休むライオン。夕日に向かって一列に歩く象の家族……。

まるで、そこにいるかのように風が心の中に吹いた。心臓が高鳴った。

「行こう。どうしてもアフリカに行かなくちゃ」

こうなったら、もう止まらない。

たくさんのアルバイトをかけ持ちして、資金を貯め、スワヒリ語の勉強や予防注射の準備をした。その計画を出発一週間前に、母親に話したら、泣き叫んで止めたが、その夢はあきらめられなかった。僕は二十歳のとき、一人でケニアを回ってきた。

人一倍臆病な僕がなぜ、こんな大胆な行動をとったのか。

そう、これが空想力。

人は、空想力に優れている。今のどんな発明品だって、昔だれかが空想した。そして、それが現実になった。小学生のとき、白黒テレビで大好きなウルトラマンを見ていたら、ぼろテレビが故障した。いつもは、横をたたくと直るのに、その日は直らなかった。画面がすごいスピードで次々に上に上がっていき、見るどころではなかった。本当に悲しくなった。その番組を記録しておいて、好きな時間に見られる機械があればいいと心から思った。

そして今、クラスの子ども達は、当たり前のように番組録画をして、学校にやってくる。習い事が忙しくて見られない番組を週末にまとめて見るためだ。

初めに豊かな空想がある。そしてそれがやがて人の行動として実現する。

子ども達に「これをしなさい」「あれはしてはいけない」と大人は言う。そして、「ほら、隣の子に負けてるぞ。しっかりしろ」「もっとがんばらないと、合格しないぞ」と競争に駆り立て、あおる。

その言葉は、子どもの意識に向かっている。意識は損得計算をする。持久走大会で、本番だけがんばり、練習では手を抜く子どもがいる。掃除で教員が見ているときだけ一生懸命やって、いなくなると途端にさぼる子どもがいる。その子の行動パターンを見ていると、いつも損得勘定で動いている。

それは、その子のせいなのだろうか。

もっと豊かな明るい空想力を使って導いてやれば、違った結果になるのかもしれない。

18・すごい先生たち

ある先生がいた。

教員ではない。整体の先生である。その人が、泳げない女の子に向かって、「息をいっぱい吸って、プールの底がさわれるかやってごらん」と言った。

その子は、素直にそれに応じてやってみた。どうしても体が浮いて底に触《ふ》れられない。そして、ふわっと体が浮くたび、泳げるという空想が湧いてきて、泳げるようになった。

それを知った学校の先生が、学級通信でそれを書いたら、クラス全員が泳げるようになった。

この先生のすごさは、ゴールを教えていないところにある。先生のアドバイスは、女の子が泳げるという空想を自分で持つためのもので、命令ではない。

この子は、自分で泳げるという空想を持ったため、楽しくなって「泳ぐ」というゴールを自分の力で実現した。本物の指導者は、いつも指導を受ける者に花を持たせる。それによって指導を受けた者は、自分の力でやれたと思い、生きる自信を持つことができる。前述した僕の小学校時代のモトちゃんとの自転車練習で、僕が（あ、乗れた）と思って、その空想を持ってからは、がぜんやる気が出たのはそのためだ。

この先生の名前は、野口晴哉《のぐちはるちか》先生という。

僕が初めてこの先生の名前を聞いたのは、武術研究家の甲野善紀《こうのよしのり》先生のところだった。

「加藤さん、世の中にはとんでもない人がいるんだよ。晴哉先生も天才だが、息子さんも天才で、一軒の家に二人の天才が出るなんてね」

と言って、体術や手裏剣術の稽古の後、野口先生の話をしてくださった。

聞けば聞くほど、すごい人だった。しかし、その頃僕は、甲野先生の手裏剣のあまりの軌道の美しさに憧れ、夢中で稽古していたので、そのことは後回しになってしまった。

その後何年も経って、自分のカウンセリングに行き詰まりを感じていたとき、ノートルダム清心女子大の物理学教授、保江邦夫《やすえくにお》先生に出会った。そこで活人術というものを学ぶようになった。相手をたたきのめしたり、言い負かすのではなく、相手を大切に思うことによって、相手の無意識に作用させ、相手の心を開いてもらい、双方にとって好ましい行動を導き出す。それは自分のカウンセリングを根底から変えるものだった。岡山の野山《のやま》道場には、嫁さんも連れて行った。周りの人たちを幸せにする活人術は、同じく小学校の教員の嫁さんにもきっと役立つと思ったからだ。

しかし二回目の岡山旅行のとき、嫁さんが体調を崩してしまった。とてもつらそうで、僕は救急車の手配まで考えた。前日まで相当無理をして仕事を片づけてきたのが影響したのだと思う。しかし、幸運なことに、その日に限って保江先生の友人で岡山大学医学部の山田輝夫《やまだてるお》先生が道場にいらした。保江先生が、山田先生に嫁さんの不調を訴えると、すぐに処置をしてくれた。

本当に驚いた。あっという間に嫁さんの不調が治った。嫁さんは跳びはねんばかりに元気になった。

しかし、その処置の様子は、どう見ても西洋医学の方法ではなかった。不思議に思って、山田先生にお聞きしたら、

「これは、野口晴哉先生の方法です」

とおっしゃった。そのとき、甲野先生から教わったときのことがすぐによみがえった。

「え？　あの野口整体の野口先生ですか」

「そうです。実は、私は高校生の頃、高い所から落ちてケガをして歩けなくなりました。

毎日這《は》って生活をしていたんです。それを野口先生が来てくださって、数分で治してくれました。それで、医学とはなんとありがたいものなんだろうと思って、自分も医学部に入ったんです」

保江先生が、そんなご縁を作ってくださったおかげで、山田先生は、僕に野口先生の様々な資料を送ってくださるようになった。お礼の電話をかけるといつも、

「加藤さん、あまり深入りしちゃだめですよ」

と笑いながらおっしゃる。

体に関することは、僕は素人なのでよくわからないけれど、教育に関わる野口先生の文献は、間違いなく命の本質に沿ったもので、実際の子ども達の行動に照らし合わせても、実に鋭く、しっかり腑《ふ》に落ちる。今から五十年以上も前に書かれたものが、色あせるどころか、ますます輝きを放っている。それは、今のみんなが命の本質から離れはじめたからだと思う。

今の自分の子ども観は、山田先生、つまり野口晴哉先生から学んでいることが非常に多い。

山本先生、宇城先生、甲野先生、保江先生、山田先生、本当にありがたい出会いであ

る。この先生方は僕の空想力を大切に育ててくれた。僕の突拍子もない話にもいつも笑顔で接してくれた。

この出会いは自分の空想力を超える出会いだった。

19・気心が知れる

二十代後半の頃。

担任しているカッちゃんのお父さんが突然、教室にやってきた。ブスッとした表情でなんだか、とても怒っている感じだ。

そして、言った。

「先生、授業見させてくれ」

有無《うむ》を言わせない気迫だった。

(うーん。なにかカッちゃんの指導で、お父さんが怒るようなことしたかなあ)

と不安に思いつつも、

「あ、どうぞ。ゆっくり見てってください」

と答えた。

カッちゃんのお父さんは、お礼を言うでもなく、さっさと教室の後ろに行き、腕組みをして、教室中をにらみつけた。ときどき、ぶつぶつ何か言っている。（こりゃ、確かに怒ってる。今、聞いてもだめだな。参観が終わったら、理由を聞いてみるか……）と思った。子ども達には、動揺しないように、

「あのね、カッちゃんのお父さん、この前の授業参観に来られなかっただろ。だから、今日来たんだよ。みんなは、いつもどおりにやっていてね」

ととっさにそう言って、授業を始めた。

妙な緊張の中、一時間目が終わる。（やれやれ、終わった。終わった）そう思って、カッちゃんのお父さんを見たら、微動だにしない。（えっ。まさか。まだいるつもりなの）。そのまさかだった。

二時間目も終わり、休み時間になった。

まさか、子どもに危害を加えることはなかろうが、怒りの形相のお父さんを教室に残したまま、職員室には行けない。

教卓でテストの丸つけをするふりをしながら、様子をうかがう。

さっきよりは幾分、表情が和《やわ》らいだ感じがするが、不機嫌な様子には変わりがない。

まだ時折、ぶつぶつ独り言を言っている。こういうとき、子ども達も敏感で、決して近づかない。

教卓に、ふっとカッちゃんが来た。

小声で聞く。

「カッちゃん、昨日、家で何かあった？　お父さんがどうして今日、学校に来たのか知ってる？」

カッちゃんは、マイペースで、ふらっと自分の世界に入ってしまうが、性格はとても穏やかで気のよい子だ。クラスからはそのマイペースさが受けて、好かれている。お父さんが、カッちゃんとクラスの子とのトラブルで学校に来た、というのであれば、僕には思い当たることがなかった。

「え？　さあ」

首をかしげて、ぶつぶつ言い出す。そのあたりは、親子でよく似ている。

カッちゃんもよくわからないらしい。

そのとき、ガタンと大きな音がして、「ワアーッ」と子ども達の声が聞こえた。教室の後ろのドアが外れたのだ。前から、ときどき、引っかかりを感じていたが、校庭から戻ってきた子が、引っかかったのを力一杯開けようとしたので、外れたらしい。

近くの子がみんなで押さえている。

「危ない。そのまま動かないで」

そう言って、立ち上がったとき、僕より速く、ドアに駆けつける人影があった。

カッちゃんのお父さんだった。

お父さんは、手慣れた手で、さっとドアを寝かすと、下の部分を調べていた。

「こりゃいけねえ。ちょっと待ってな」

そう言って、階段を駆け下りていった。すぐにまた上がってくると、その手には工具箱を持っていた。

「あ、そういえば、カッちゃんのお父さん、建築関係の仕事だった」

あっという間の早業で、ドアを直して、はめ込む。

ドアは、カラララ……と気持ちのよい軽やかな音を立てて、滑るように動いた。

「すげえー」

「カッちゃんのお父さん、かっこいい！」

「プロみたい！」

正真正銘のプロだけどね。

子ども達は、大喜びだ。

「いや、ほんとにありがとうございます。助かりました」

そのとき、初めてカッちゃんのお父さんは笑顔を見せた。はにかむような笑顔がカッちゃんによく似ている。

「先生。今朝、こいつが学校に行った後、俺がたまの休みだってのに、女房が、あんた、ちっともカズキのこと気にしてないじゃないの、授業参観だって、たまには自分が行ったらとかグズグズ言うんで、あったまにきて、じゃあ、一年分見てくらあ〜って飛び出してきたんだ」

「そ、それが、参観の理由ですか」

突然の授業参観は、僕のせいでも、カッちゃんのせいでも、クラスの子たちのせいでもなかった。夫婦げんかだった。

カッちゃんのお父さんは、その後も、四時間目までいて、

「先生、カズキはぼーっとした奴なんで、ビシビシ頼むよ。今日は来てよかった。ありがとうございました」

そんな言葉を残して、帰っていった。

こんなイレギュラーな出来事が学校では、ときどき起こる。そのたびに、人間が人間を育てる難しさやおもしろさに出会う。

今、教育界では、増え続ける保護者や地域からのクレームが、大きな課題となっている。中にはとんでもないクレームもある。

音楽祭で、指揮をする自分の子の写真が撮れないから、反対を向いて指揮させてくれないか、とか、給食で強制的に「いただきます」を言わせないでくれ、給食費を払っているのは親なんだから、とか。

これを聞いて、なるほどそのとおりだ、と納得できるだろうか。

子ども達を、生きる喜びを持った自立した人間に育てるというのが教育だと思う。その立場に立てば、この要望はもちろん受けられない。

それを丁寧に説明し、理解してもらう。しかし、いずれにしてもいったんは、うけたまわって、説明しなければならない。一言、一言、誤解がないように、言葉を慎重に選んで話す。「どう説明するか。どうわかってもらうか」。そのたびに関係の教員たちが集まり、協議が持たれる。その回数は大変なものだ。

昔は、ほとんど必要なかったそのような対応に、教員の指導時間の多くを取られるようになってしまった。

じゃ、それは保護者に責任があるのか、といえばそうではない。じゃ、学校に責任があるのか、といえばそれも違うと思う。

どこに責任があるのか、ではなくて、お互いの心の距離が離れてしまい、同じ方向を向けなくなっているような気がする。

大切なのは、よく「気心が知れる」というが、まさにあれだと思う。

そのための一つは、何度も会うことだと思う。チャンスを見つけて、会うことで互いの思いが伝わるようになる。そんなの当たり前だと思われるかもしれないが、意外とできない。教員も親もそれぞれの事情で忙しいからだ。

たとえば、授業参観の懇談会などは、めったにないいいチャンスなので、僕は極力利用する。うちのクラスは、懇談会は強制参加になっている。どうしても都合で出られない親が数名は出てしまうが……。山の学校に勤めていたときには、懇談会の出席率が、一〇〇%なんて普通だったから、街の学校でもそうかと思ったら、一クラス五、六人という話も聞いて、驚いた。

それでは、こちらの思いを伝えても、親の悩みをみんなで考えても、それが、クラス全体の空気にならない。

シンちゃんというアスペルガー症候群の子どもを普通学級の中で担任したことがある。四、五、六年と持ち上げた。授業中いきなり座っている子たちの頭をバシバシたたいて、教室から飛び出していったり、目を三角にして叫んだり……とすごかった。それが、三年間で驚くほど変わった。シンちゃんも、クラスの子ども達も、親たちも本当に立派だった。その詳細は、前著『どんぐり亭物語』(海鳴社)に書いたが、そのシンちゃんの良き変化に大きな役割を果たしたのは懇談会だった。

僕は、懇談会で話した。クラスに心に障害を持った子がいる。そのことは、クラスにとって困ったことではなく、その子を通してクラス全体が人間として成長できる。その子はクラスの宝物なんだ。困っているクラスの一人の子が幸せになることが、クラス全体を良くすることにつながるんだと。

シンちゃんのお母さんも毎回、懇談会に参加してくれた。お母さんは、いつも誠実だった。何も言い訳しなかった。ただ、恐縮してこう言った。

「うちの子がいつも皆さんにご迷惑をおかけして、本当にすみません。でも、うちの子は、皆さんのお子さんや学校が大好きなんです。あの子が何か起こしたら、いつでも言ってください。すみません」

それを聞いた他の親たちは、

「全然大丈夫よ。みんなシンちゃんが大好きなんだから」

「そうそう。うちの子なんかより、シンちゃんのほうがずっと優しいよ。この前だって……」

と口々にシンちゃんをほめた。

それは、同じ年の子を持つ母親として、シンちゃんのお母さんのつらさを、精一杯わかろうとする温かな心だった。クラス中がその優しさに包まれた。僕は聞いていて、胸が一杯になった。

翌日、親たちからたくさんの手紙が届いた。内容は、「家に帰って、子どもとシンちゃんのことを話し合いました。先生、私たちがシンちゃんのために少しでもできることを教えてください」。みんなそんな内容だった。

全員参加の懇談会でもその出来事を語り合った。そのあたりから、シンちゃんは、大きく変わっていく。会って、話すこと。そんな単純なことが人の心をつなげていく。逆上がりができた子が先生にそれを見せにくるように、小指をケガした子がその痛みをわかってもらおうとするように、同じ時間、同じ空間を共有することで、心がつながるということが確かにある。

離れてしまった先生と親の心の距離を埋めるために、学校アンケートなどもさかんにとられている。悪いわけではないだろう。しかし、匿名《とくめい》で書かれたアンケートも、朝、子どもが担任に手渡している。誰がこんな厳しい評価を書いてきたか、担任には一目でわかる。

年々忙しくなる学校の仕事。ニュースによれば、日本の先生は、世界一忙しいとの統計が出たそうだ。こなさなくてはならない膨大《ぼうだい》な仕事に追われ、みんな睡眠時間も少ない。自分としては、精一杯頑張っているはずなのに、そんな中で、親の厳しいアンケートが届く。

落ち着いて、客観的に受け止められるものなんだろうか。

親と心を開いて、子どもの将来を語り合えるのだろうか。

事実、最近は、先生たちからのカウンセリングの依頼が大幅に増えた。その中で、親への対応の難しさや苦しみを語る先生は決して少なくない。

自分たちの大切な子ども達が、毎日の指導を受け、大きな影響を受ける学校の先生が、毎日忙しく、精神的に追い込まれ、いらだっていることを望む親はいないと思うのだが。


「約束は笑顔」だと思うのだ。

たとえば、あるお父さんがいたとする。

仕事から帰ったお父さんが子ども達に言う。

「おい、来週の日曜、ディズニーランドに連れていってやるぞ」

子どもは大喜びで、跳びはねる。お母さんも大喜び。

待ちに待った日曜日、お父さんは、急に会社の仕事が入ってしまうが、約束だから、と無理をして、ディズニーランドに連れていく。

しかし、何をしていても、会社の仕事が頭をよぎり、不機嫌なまま。お昼ごはんにも、ミッキーが近くに来ても、ニコリともしない。そうして、帰りの車の中も無言で、帰ってくる。

果たして、このお父さん、約束を守ったのだろうか。

確かにディズニーランドには行った。でも、その子が心の中で思い描いたのは、お父さんもお母さんも一緒になって、子どもに戻って大はしゃぎ。帰りの自動車の中では、一日の思い出をみんなで話して、お父さんのしでかした失敗にみんなで大笑い。そんなディズニーランドだったのだと思う。

相手を笑顔にできなかったら、約束を守ったことにはならない。ただ、言葉どおりにすればよいのではなく、相手の気持ちを考えて、相手が笑顔になることを考える。

久しぶりに会う友達にささやかなプレゼントを用意するとか、頼まれた仕事の書類にちょっと「お疲れさま」のメモを添えるとか……すごいことじゃなくていいから、相手を笑顔にするちょっとした心の余裕を持つこと、これが約束を果たすということだと思う。あなたとの時間を大切に思っているよというメッセージだと思う。

命は時間だから、その命の時間を相手の笑顔のために使える人を、僕は素敵だなと思う。

心がぎゅうぎゅうに追いつめられた人は、その余裕がない。僕も含めて先生たちは今、忙しすぎて、その余裕がなくなってきている。

先生は、毎日、子ども達とあいさつをする。

「おはよう。カッちゃん、元気?」

「さようなら。ユウちゃん、また明日ね」

これも約束。

「また明日ね」とあいさつを交わして、また明日会って、一日一緒に過ごして子ども達を笑顔にできなかったら、僕は約束を守ったことにならないと思っている。こんなことでも毎日となるとなかなか難しい。

カウンセリングに来た重たく暗い表情の子。その子とのセッションが終わったときに、その子を笑顔で帰すこと。これが、僕の約束なんだ。


何かことが起こる前に、親と会って話しておくこと。

何か起きたら、親と「会って、ゆっくり話すこと」、そして、子ども達との約束を笑顔で守れる時間と心の余裕。

日本の先生たちが、それができる自由裁量《さいりょう》の時間をもっともっと持てるといいのにと思う。そんなことに目を向けた学校運営システムができないものかなあ。

カッちゃんのお父さんは、ふだん、カッちゃんをとてもかわいがっている。ときどき、校庭でキャッチボールを二人でやっているのを見かけた。カッちゃんを大切に思っている気持ちがお母さんに伝わらなかったのが悲しかったのかな。

放課後、カッちゃんのお母さんから、丁重な謝罪の電話があった。

「うちのお父さんは、ほんとにバカで、先生、本当にすみません。今も、先生がどんなに迷惑だったかって、怒っていたんですよ」

「いえいえ、教室の扉まで直していただいて、子ども達も大喜びでした。ありがとうございます。お母さん、あのね、お父さんをあんまり怒んないでやってね」

電話を切った後、「カッちゃんのお父さん、今度は、夫婦げんかなしで、また来てね」

そう思った。

相手の性格がわかり、今置かれている立場がわかってやれたら、たいていのことは何とかなる。余裕が持てる。

事情がわかった僕は、何だか、カッちゃんのお父さんがかわいく思えた。

気心が知れたのかもしれない。

僕に、「学校のすべてが子どもを教育するためにある」と教えてくれた校長先生が、一緒に飲みに行ったとき、ベロベロになり、ろれつの回らない口で、話してくれた。

「加藤さん。担任している子ども一人ひとりを見たら、その子のことを一番愛しているのは、なんといってもその親だ。我々教員は、とてもかなわない。でもねえ。二番目は自分だ、と俺はいつも思っているんだよ」

その子を世界で一番愛している親と、世界で二番目に愛している先生が同じ方向を向いて協力したら、学校という場はどんなに希望に満ちたものになるだろうか。

20・学校と大震災

二〇一一年三月十一日午後二時四十六分。

帰りの会を終え、玄関に向かう数人の子たちと階段を降りているときのことだった。

バラバラバラバラバラ……。校舎のすべての窓ガラスが鳴りだした。足下がぐらつき、立っていられない。

「地震だ」

「キャアー」

そこら中から、子どもの悲鳴が聞こえた。

周りにいた子たちを守ってしゃがんだ。すさまじい揺れだった。階段で隠れるところがなかった。上から窓ガラスが落ちてくるかもしれない。

「このままでは、危ない！」

一瞬、揺れが少なくなったので、子ども達を抱えて、外に飛び出した。

「逃げろ！　頭を守って、校庭の真ん中に逃げろ！」

校舎から、次々に逃げだしてくる子ども達に指示を出し、校庭の真ん中に集めた。校舎内にいた教員たちも子ども達をつれて、校庭に避難してくる。

校庭に出ると、東側の体育館の窓ガラスがシンバルのような高い音を立てて、揺れていた。子ども達の泣き声がそここで聞こえる。

「大丈夫。心配ない。落ち着いて」

そう叫びながら、子ども達を集めた。

帰りの会が終わったところなので、人数の確認もできなかった。(校舎の中で被害にあっている子がいるかも。行かなくちゃ。だけど、こちらのパニックも鎮《しず》めないと……)と思った。

そのとき、教務主任の高橋先生が、パニックを起こしている校庭の子どもの前に進み出た。

そして、ニッコリと笑ったのだ。

「怖かったね。先生も怖かったよ。でも、もう大丈夫だよ」

自分の胸を手で押さえながら、そう話し出した。

子ども達は、泣くのをやめて、高橋先生の話を聞いている。

僕は、ニコッと笑った高橋先生の「笑顔」の力に、そして、とっさにそれを使った高橋先生の強さに感心した。すごいなあ。

(こっちは、もう大丈夫)

大急ぎで、校舎内の点検に駆けだした。

学校の被害は、トイレや特別教室の天井が外れかかった程度だった。何よりもありがたかったのは、子ども達に被害がなかったことだ。しかし、後の情報で、東北地方でとんでもない大震災が起こっていたことがわかった。

テレビから届けられる映像は、現実のものとは思えないほど悲惨《ひさん》なものだった。

東北といえば、盛岡は父方の祖母の故郷だ。「これからの女性は、世界を見なくてはいけない」という女学校の先生の言葉に触発され、祖母は卒業と同時に、満州へ渡り、日本人開拓団として牧場をやっていた祖父と結婚した。東北には、親戚《しんせき》があちらこちらに住んでいる。みんなに連絡をとったが、まったくつながらない。その間にも、テレビでは、津波や原発の映像が送られてくる。無事を信じたかったけれど、とても無事だとは思えなかった。

地震の直後、いち早く「加藤さん、大丈夫か」という表題でメールが来た。

僕が保江先生から学んでいる冠光寺流活人術の兄弟子にあたる、武術家の炭粉《すみこ》良三《りょうぞう》さんだった。炭粉さんは、兵庫県に住んでいて、阪神・淡路大震災を体験している。そのときの経験から、注意すべきこと、たとえば、玄関近くに絶対に物を置くなとか、マンションなら真ん中の階がつぶれるからこの位置で寝ろとか、生き残るための注意点を次々に送ってくれた。経験者のアドバイスは、とてもありがたかった。

その後、全国の友達からも、次々と僕らの安否の確認や原発の放射能への対応法など、貴重な情報がメールで入ってきた。

その都度、「群馬は今は大丈夫なようです。心配しないで」と送り返していたが、そのうち、群馬にも影響が出てきた。ガソリンがなくなった。教員たちはほとんど車で通勤している。自転車や徒歩でもなんとかなる先生もいるが、車でなければ、不可能な距離の先生も多くいる。

じきにタンクローリーが群馬に向かうという情報もあったが、ガソリン事情はなかなか改善されなかった。ガソリンがわずかに残るスタンドに、長蛇《ちょうだ》の列ができていた。

あの子たちの卒業式ができるのだろうか。年明けから、六年生の子ども達みんなで取り組んできた卒業式だけは、六年の学年主任として何とかやってやりたい。しかし、式を指導する、あるいは式そのものを進める先生が、来られなくなるかもしれない。ガソリンがないだけでこんなことになるなんて。東北の人たちはこれとは比べものにならないつらさを味わっているはずだと思った。いてもたってもいられず、物資を持って、飛んでいきたかった。

しかし、今は、卒業式だ。

僕が、ガソリンのことで頭を痛めていたことを知った保護者が、連絡をくれた。

「先生、たくさんはないけど、当面のガソリンをなんとかします。子ども達に立派な卒業式をやってあげてください」

その保護者はガソリンスタンドの経営者だった。

本当にありがたかった。わずかなガソリンを分けてもらえたので、申し訳ないけど、卒業式に関係のある先生から優先して、予約券を渡して、給油してもらった。最後に僕が給油してもらい、心からのお礼を言って、スタンドを辞《じ》するとき、その保護者が言った。

「こんなことになってみんなやっと、自分たちの生活が何に支えられているかに気づくんですよね」

日頃あることが当たり前になっているものは、当たり前にあるわけではなく、たくさんの人たちのおかげで、自分の目の前にあることに改めて気づかされた。

その後、急速にガソリン事情は回復し、子ども達も立派に大役をやり遂げ、すばらしい卒業式ができた。

僕の手元には、最後の予約券が一枚残った。

その使わずに済んだ予約券を僕は、いまもそっと財布のポケットにしのばせている。あの保護者の温かな心とあの言葉を忘れないように。

21・クルミちゃんのおしゃべりノート

この年の六月。

運動会の出し物を決める時期がやってきた。

また六年生の学年主任になった僕は、組み立て体操の最後、全員組み立てのテーマで迷っていた。

この学校では、五、六年生全員で組み立て体操をする。特に、その最後は、二百人全員で、その年に一番話題になったテーマを組み立て体操で表現するようにしてきた。今年は、なんといっても「なでしこジャパンの金メダル」だと思った。明るく希望があるテーマで、ぴったりだと思っていた。

しかし、心の中では、まだ大震災のことがずっと引っかかっていた。

こんな大事な年に、これをやらないで逃げていいのか。命の大切さ、大切な人との時間のかけがえのなさをみんなで考える大切な時間ではないか。

「加藤さん、この学校のガラス一枚、校庭の砂粒一つ、これはすべて子ども達のためにあるんだよ」

となつかしい声が胸の中で響く。でも、こんなときだから、明るい希望のある「なでしこジャパン」で……。迷った。

そんなとき、クラスの一人の子が、あることをおしゃべりノートに書いてきた。おしゃべりノートというのは、僕のクラスで毎年やっている日記だ。教員の仕事が本当に忙しくなって、子ども達とゆっくりおしゃべりする時間もなくなった。すまないなあと思って、始めたのが、おしゃべりノートだ。「ノートの中だけど、ゆっくり話したいことを話してみなよ。僕もゆっくり聞くよ」というノートだ。

そこにクルミちゃんが書いてきた。

これまで彼女が胸の内に封印《ふういん》してきたことだった。

彼女の祖父母は福島に住んでいて、大震災にあった。原発からすぐの所である。命は無事だったが、とても戻ることができず、今も避難所暮らしを続けている。

毎年、楽しみにしていた夏の帰省。大好きだったあのかわいらしい駅も流され、原発関連施設で発行していた「どんぐり通帳」（たくさん貯めると、どんぐりの苗木《なえぎ》がもらえるらしい）も使えなくなった。お墓はまだみんな倒れたままで……。

僕は、なんとかして彼女の心を支えたいと思った。

「やっぱり、東日本大震災をやろう」

こうして、組み立て体操はスタートした。それからのことは、学級通信に詳しいので、学級通信「ポレポレ」の内容をそのまま以下に載せることにする。

「組み立て体操の裏側にあったこと」

今年の組み立て体操も、子ども達のおかげで、大成功でした。わざわざ僕の所まで駆け寄ってきて、「すばらしかった。必死で涙をこらえた」と声をかけてくださった保護者の方々や先生方。「感動しました。先生、ご指導、お疲れさまでした。ありがとうございました」とお手紙をくれたり、「子ども達のきれいな瞳《ひとみ》や命と命の支え合い、昨日の自分から成長してくれた自信……涙が出ました」とメールをくださった保護者の方々。

子ども達の裏側のがんばりまで見てくださったことが本当にうれしかったです。

毎年、全員組み立て体操は、その年、最も印象深かった出来事をテーマにしてきました。初め、明るいニュースということで、「なでしこジャパン」をテーマにしました。しかし、本当は、ずっと東日本大震災のことが頭から離れませんでした。

そんな中で、本校のたくさんの人たちと、被災された人の絆《きづな》に気づかされました。クルミちゃんのおじいちゃん、おばあちゃんは福島です。夏休みも仮設住宅のおばあちゃんたちに会いに行ってきたと教えてくれました。「こんなつらいときなのに、おばあちゃんもおじいちゃんも笑顔で迎えてくれました。短い時間だったけど、みんなですごく楽しい時間が過ごせました」と、おしゃべりノートに書いてあったのです。

やはり、この大震災から逃げてはいけないと感じました。

僕らにできることは、本当にささやかなことだけど、東北のみんなのことを忘れてはいない、ということだけは伝えようと思いました。そして、テーマを東日本大震災にしました。

題名は、子ども達が考えてくれました。

コウタくんが提案した、「希望」。

それは、カンナちゃんのすばらしい作文にピッタリでした。

運動会演技前に読んだカンナちゃんの作文。ＢＧＭは、震災報道によく使われていたエンヤさんの「オンリータイム」

「三月十一日。東日本大震災が起こりました。

被災者の中には、私たちと同じ小学生が大勢います。彼らは、いつも当たり前のようにしていた勉強や外遊びがしたくてもできません。そして、ついさっきまで、となりにいた、大切な家族や友達、ペットたちが津波で流されて亡くなってしまったり、行方がわからなくなったりしています。

いつも当たり前だと思っていた、勉強や友達の笑顔、大切な人が身近にいること、そして、こうして運動会ができることは、実は、とても幸せなことだったのだと感じています。

当たり前のことが当たり前にできる日本に戻ることを心から祈って、私たちは組み立てに臨みます。

全員の気持ちを込めて、日本中に「希望」を送ります。

全員組み立て「希望」です」

二人は同じ僕のクラスの子でしたが、交わるグループが違い、ふだんはあまり接点のない子たちでした。しかし、このカンナちゃんの作文を練習のときに聞いたクルミちゃんは、おしゃべりノートにこう書いてきました。

「私は、全員組み立ての時のカンナちゃんの作文を聞いて、おばあちゃんたちを思い出していました。

地震から半年……。まだ半年とも、もう半年とも思えます。地震でおばあちゃんたちが避難していると知り、震え上がったあの日。大好きだった思い出の駅が流されたと聞いたときの涙。原発事故で二度と戻れない、なつかしいおばあちゃんの家。悲しすぎて一つ一つを思い出したくありませんが、どうしても思い出してしまいます。

でも、ここでくよくよしていてもしょうがないんです。私は、おばあちゃんたちに、福島に、日本に、「希望」をとどけないといけないんです。だから、私は人一倍がんばって、日本中にエールを送ります」

僕は、このクルミちゃんの日記を、カンナちゃんだけにそっと伝えようと思いました。

クルミちゃんの思いも乗せて、カンナちゃんに読んでもらえるように。でも、運動会の日。みんなの顔を見ているうちに、この思いを全員で分け合おうと思いました。

そこで、クルミちゃんに許可をもらって、みんなの前で読み上げました。みんなの顔つきが変わりました。

そして、あの組み立て体操になりました。今まで持ち上がらなかった子を持ち上げた子。友達を落としてしまって、自分が砂だらけの顔になりながらも、やり通して、見事成功させた子。これまでの中で一番きれいに指先まで思いを込めて伸ばす子。カンナちゃんの心のこもったナレーション、最高難度の肩乗り三重の塔の完成……。下の子も上の子もみんな全力でした。

みんなクルミちゃんの思いを他人事ではなく、自分のこととして、受け止めた結果でした。子ども達はすごいですね。さまざまなドラマの中で、つらい思いをして、うれしい思いをして、成長していきます。

クルミちゃんの今日のおしゃべりノートの最後は、こうむすばれていました。

「全員組み立ての希望は、私は自分でやっているのに、自分で感動してしまいました。きっとみんなの力で東北を元気づけられたと思います」

（六年一組　学級通信ポレポレ二十号）より

こうして子ども達に支えられ、勇気づけられながら、僕はセラピストとしても、東北から群馬に避難してきた人たちをカウンセリングし、今の自分にできるかぎりのセラピーをやり続けた。

このようなとき、前述のブリーフセラピーの思考場療法（ＴＦＴ）は頼りになった。自分がいやだったら、そのつらいことを細かくセラピストに話す必要がない。そして、どこでもでき、順序を覚えれば、セラピストがいなくてもやれる。胸が締め付けられるという苦しい身体反応に心を集中して、その苦しさを消すことができた。

そして、それが消えると、ぽつりぽつりと見てしまったことを自分から語りはじめる。やっと、思いを心の外に出せるようになった。そして、そのトラウマをまた軽くしていく……。

もう大丈夫というところで、やり方を教え、練習して、終わる。

あまりの悲惨な内容に自分もダメージを受け、苦しくなる。そのたび、ＴＦＴセラピーの師匠の森川先生の言葉を思い出す。

「いい、加藤さん。自分がぶれてはだめ。自分が芯を持ってしっかり立ってこそ、相手は安心できるの」

揺さぶられ、振られる心に自分でＴＦＴをかけて、落ち着かせる。

被災したある家族を僕に紹介してくれた先生からは、

「びっくりするほど子どもが変わりました。良いカウンセリングをしていただいて、本当にありがとうございました」

と連絡が来た。

ほっとした。ＴＦＴは万能ではない。しかし、他の療法ととてもスムーズに組み合わせることができる。このケースはＴＦＴがなければ、失敗していたと思う。

しかし、まだまだ先は長い。被災した人たちの心のケアはとても難しいと思う。

現地に行った、あるいは現地に暮らすＴＦＴセラピストたちからの報告を読む。

被災した人たちと一緒にいて、聞いたそうだ。

「ＴＶや新聞で、ガレキ、ガレキってゴミ扱いされるけど、あれは俺たちの大切な家の一部なんだよ」

「あれも水、これも水、あの水に苦しめられたのに、今度は水を調達するのに、あんなに必死にならなければいけなかったなんて皮肉だよね。水運びすると腹が立って、ポリタンクを蹴っちゃうよ」

そう言って、笑った後の目に涙がにじんでいたそうだ。

胸が痛む。

そのしばらく前、僕は活人術の師匠の保江邦夫先生にメールを送っている。
「保江先生
僕はまだ、大震災としっかりと向かい合っていないと思うのです。義援金《ぎえんきん》ぐらいはしました。でも、それだけです。
保江先生は、被災されたたくさんのご親戚の方たちのために奔走《ほんそう》し、岡山のご自宅を二十人近くの人たちに開放し、住むところを探し出しました。僕の義理の弟は、すぐにトラックを用意して、救援物資をかき集め、東北に飛んで行きました。近所の床屋さんは、被災地を回って、みんなの散髪をしていて、留守です。みんな心ある人たちは、忙しさを理由にしないで、体を動かしています。

僕は、果たして何をしたのだろうか。

僕のクラスに、両親が福島出身の子がいます。その祖父母は、被災し、仮設住宅に住んでいます。

その子は、とても優しい子で、痛々しいくらい傷つき、何と彼女を励ましてやればいいものかとも思いました。

毎年の運動会のとき、高学年は、合同で組み立て体操をするのですが、最後にさんざん迷った末、東日本大震災を取り上げました。その顚末《てんまつ》を学級通信に書いたのですが、それを読んだ家族は、その通信を福島の祖父母にも読ませ、みんなで号泣したそうです。心から家族で感謝していると言っていました。

うれしかったです。でも……涙を流して感謝してもらえるほど、僕は本当にあの子や被災した子たちに誠実を尽くせたのだろうか。子ども達がその子のために取り組んだような純粋な誠実さがあったんだろうか。その痛みがわかったのだろうか。実は、ずっと後ろめたさみたいなものがあります。

現地に行って、やることがあるのではないだろうか、亡くなった方々への鎮魂《ちんこん》や苦しみを抱えて生きている人たちへのカウンセリング。まだまだ、自分を使って、何か少しでも役に立てるものがある気がします。

これからもどうぞよろしくご指導ください。では、また」

保江先生からは、すぐに長いメールの返信があった。プライベートな部分は割愛するが、こんなメールだった。

「現地に行くだけが、支援ではないのですよ。それぞれの場所で、それぞれの役目をしっかり果たすからこそ、被災地に支援物資を送ったり、被災地を励ましたりできるのです。加藤先生は、震災時もそうでないときも同じように子ども達のために働いています。それがあるから、日本は、震災復興に成功するんです。焦らないように。本当に必要なことなら、チャンスは必ず来ます」

それを読んで、僕は、心が安らかになった。

まずは、今の自分の役目を精一杯尽くそうと思った。すると、不思議なもので、それからまもなくＴＦＴというちょっとユニークなセラピーに出会った。

カウンセリングに来た重たい症状を持つ子に、これまでのセラピーのどれもが通じなかったので、半ばやけくそで使ってみたのがTFTだった。

その子は、僕の目の前で劇的に良くなった。驚いた僕は、すぐにTFTセラピストの専門家養成コースに申し込んだ。推薦人が必要なので、保江先生にお願いした。

保江先生は快く引き受けてくださり、僕は森川綾女先生の指導を受け、TFTセラピストになった。

そして、結果として、TFTを使って、前述のように被災して群馬に引っ越した人たちのセラピーをすることになった。その後は、医師や心理士たちと一緒にTFTセラピストとして東北支援のお手伝いに出かけることになる。

人生は、不思議な脈絡《みゃくりゃく》でできている。遠くのあっちと近くのこっちがつながっていて、後で、ああ、なるほどと思う。

「人生とは、何か予定していた時に起こるまったく別なこと」

そのとおり。

TFTに出会った年。その年度の最後の「学級通信ポレポレ」はこんな内容だった。

「一年間、本当にお世話になりました。

これは、空手家の宇城憲治先生から教わった話です。

今から、百年ほど前、トルコの軍艦エルトゥールル号が和歌山県沖の海で難破《なんぱ》しました。和歌山の村民は、命がけでトルコの人たちを助け、当時自分たちの食料もわずかだったのに、最後の食料として、とっておいた鶏《とり》を食べさせ、元気にして、トルコへ返してやりました。

この事件のことを、今のほとんどの日本人たちは知りません。

そして、それから、八十五年後、イラン・イラク戦争が起こりました。一九八五年のことです。そのとき、イラクのフセイン大統領が『今から四十八時間後にイランの空を飛ぶすべての飛行機を打ち落とす』と発表しました。イランには、会社の仕事でたくさんの日本人が住んでいました。その人たちはあわてて、空港に行きましたが、どの飛行機も満席で、二百十五人の日本人が取り残されました。

日本の飛行機は怖くてイランの空港に近づけませんでした。

もうだめだというとき、突然、空から二機の飛行機が降りてきたのです。それはトルコ航空の飛行機でした。そして、その命がけの二機は、日本人全員を無事日本に送り届けてくれました。

　不思議に思った人がトルコの大使館に聞いてみたら、『あれは、トルコ政府の意思でやりました。トルコは百年前にエルトゥールル号の事件で、日本人に助けてもらいました。それは、トルコの教科書に載っていて、トルコ人なら誰でも知っています。あのときの恩返しをしようと、飛行機を飛ばしたのです』という返事が返ってきました。

　そして、さらにその五年後、トルコに大地震が起きました。あのとき、トルコの飛行機で助けてもらった日本人たちは、みんなでその恩返しをしようと、日本中を飛び回り、たくさんのお金をかき集めてトルコに送り、とても感謝されました。

　だから、今でもトルコの人たちは日本人が大好きです。

『こういうのを循環無端《じゅんかんむたん》というんだよ』

　と宇城先生は教えてくれました。


　誰に見られるためでもなく、誰にほめられるためでもなく、人として正しいことをし続けることが、回り回って、世界を良くすることになる。

　僕は、深く感動しました。

今、日本は、東日本大震災の衝撃から必死に立ち直ろうとしています。本当につらい経験ですし、これから、原発の問題等、簡単には終わらない課題が山ほどあります。しかし、自分ができることで、誰かの役に立てれば、いいと思うのです。

それが、回り回って、良きことのぐるぐる回りを起こす。

恐ろしい放射線も自然界を循環してしまうかもしれませんが、人の温かく良い行ないも世界を循環してくれると思います。

さて、大切な子ども達とのお別れが近づいてきました。

この一年間、本当に楽しかったです。四月の出会いに始まって、妙義山《みょうぎさん》での自然教室、大運動会に社会科見学……その他、数々の思い出がみんなの笑顔と一緒に浮かびます。

毎年のことながら、指導がうまくいかなくて、車の中で落ち込んだこともありました。そんなときは、大きな声で歌を歌いながら、帰りました。子ども達が良い方向に変わり、うれしくて一人、祝杯をあげた日もありました。

今となっては、どれもいい思い出です。保護者の皆さんの全面的な信頼が、どれほど勇気になったかわかりません。一年間、本当にありがとうございました。

三月二十六日をもって、皆さんの大切な宝物をお返しします。これからもずっとこの子たちといられる皆さんがちょっとうらやましいです。どうぞ、子ども達のことをよろしくお願いします。

そして、現代に生きる大人として、この子たちのために、正しい生き方を伝え、少しでもよい世の中にするために、それぞれの立場で頑張っていきましょう。

もし、何か困ったことがあった時は、「二十歳までの保険」を思い出してください（二十歳までの保険とは、僕が懇談会で話した、子ども達に何かあったら、二十歳までは面倒をみます。でもそれ以降は、自分の力で人生を切り開いて行くようにとの約束のこと）。

ご縁があったら、また会いましょう。では、さようなら……」

（五年一組「学級通信ポレポレ」特別号）より

僕は、これからもずっと祖母の故郷の東北を想い続けると思う。これからは、人や物の交流の中で、被災した人や物、被災していない人や物が入り乱れて、社会が進んでいくと思う。新しい形の支援が必要になるかもしれない。

自分のＴＦＴの支援もまだ始まったばかりだ。

当事者でなければ、わからないことがたくさんあると思う。それをわかりたいと思うが、それは、無理だと思う。自分の命に替えても良いと思う家族を失ったり、その家族との思い出が詰まった家を失った悲しみの重さをわかるわけがない。

でも、被災したみんなには、人のさりげない善意は幻《まぼろし》でないこともわかってもらいたい。

良きことのぐるぐる回りが起こるように、心から祈っている。

22・65点の君が好き

コウモリと蛾《が》の話を聞いたことがある。

すごく印象的だった。

ご存じのとおり、コウモリは口から超音波を発して、暗闇《くらやみ》でも蛾の位置を把握《はあく》し、蛾を捕まえる。

あまり知られていないことだが、ある種の蛾はそれに対抗するシステムを持っている。

コウモリが標的を知覚できる七メートル以内に入ると、蛾は胸のあたりにある鼓膜《こまく》の細胞でコウモリの超音波をキャッチし、急降下をして、攻撃をかわす。

もし、コウモリの超音波システムが百点満点だったら、地球上から蛾はいなくなる。また、逆に、蛾の防衛システムが完璧だったら、コウモリは飢え死にする。これの素敵なところは、どちらもそこそこの六十五点にできている。半分よりはまし。でも、完璧《かんぺき》じゃない。

そのおかげで、コウモリも蛾も一緒にこの地球に生きていられるのだ。

ライオンだって、いつもシマウマを捕まえられるわけではない。失敗するほうがずっと多い。シマウマだって、ライオンなんかみんな絶滅してしまえ、とは思っていない気がする。シマウマから直接聞いたことはないけど、ただ、そこにいるものだと思っているだけなんじゃないかな。

先日、このことを子ども達に伝えたくなって、ライオンとシマウマの授業をしてみた。クラスの子ども達を二つに分けて、最初、シマウマと草のグループに分ける。じゃんけんをして、引き分けだと、シマウマに草は食べられ、シマウマの子が生まれたということで、草グループは、シマウマグループに入る。あいこにならないとシマウマは草を食べられずに、死んでしまい、草になる。

これを何度も繰り返してやると、シマウマがものすごく増えたり、すごく減ったりして、安定しない。

そこにライオンを投入する。草の数名をライオンにする。シマウマにとっては天敵ができたわけだ。シマウマを食べるライオンが出現したのだから、どんどんシマウマが減りそうなものなのだが、統計の結果、ライオンがいるほうが、シマウマの数がずっと安定した。ほとんど数に変化がなかった。

数え終わったとき、子ども達は、驚きの歓声を上げていた。

この方法がどれだけ科学的なものなのか、僕にはよくわからない。自然はこのゲームより遥かに複雑なシステムが組み合わされて見事に維持されている。しかし、事前予想で、全員が「ライオンが入れば、絶対シマウマは減る」と言っていた予測は見事に外されたわけだ。

自然界をたとえるのに、人はよく「弱肉強食」という言葉を使う。弱い者は強い者のエサになる。人間社会でも、教訓として、よく使われる。この世の中は、「弱肉強食」だ。食うか、食われるかだ。弱い奴は滅びるだけだから、強くなって、競争社会を勝ち抜け。

それは、狭い人間社会の一部に当てはまることがある。そんな生き方が好きなら、それを僕がとやかくいう筋合いはない。でも、僕のような競争が苦手な人間は、強い者のエサになるために生まれてきたのだろうか。

僕には、とてもそうは思えない。

皆さんは、「オミソ」という言葉を聞いたことがあるだろうか。僕の地方では、そう呼んだ。全国的には、「ミソッカス」というのかな。

僕は、まさにオミソだった。

小学校の中学年のときなど、あまりのダメさに、クラスの仲間が、「ちゃおちゃんルール」というのを作った。ドッジボールで、ちゃおちゃんは、二回当たらなければ、アウトにならないというルールだ。うれしいんだか、悲しいんだか、よくわからない。

そのオミソの僕でも、たくさんの人たちが愛してくれ、「ここにいていいよ」と言ってくれ、できないところは、「しょうがねえなあ」とカバーしてくれ、これまでやってきた。

とても弱い人間だけど、エサなんかにされなかった。

周りの人間は、自転車も教えてくれたし、高校に落ちた僕を気遣ってくれたし、パイプをくゆらせて幸せに生きるコツを教えてくれた。今も人並みの教員人生を歩ませてもらっている。

自然界に「弱肉強食」はないのではないか。自然のシステムの原理は、もしかして、「調和」なのではないかと思う。

「どんな命も一緒に生きていこうよ」

そんなメッセージを自然は送り続けてくれていると思うのだ。

オミソの自分も「調和」の中で、大きな恩を受けながらも、ときにそれを忘れ、失敗し、落ち込む。その繰り返しだった。でも、だからこそ、失敗に苦しんでいる人、自分と同じ悲しみを持っている人の役に少しでも立ちたいと思う。

自分が、間違いなく百点の人間でないことを知っている。だからこそ、自分の得意なところで、精一杯手を伸ばし、誰かの役に立ちたいと思う。せめてもの恩返し。

これは、相手に勝つ競争ではなく、相手を包む調和なのだと思う。

僕のところにカウンセリングに来てくれる思春期を迎えた多くの子たちは言う。特に、二回目のカウンセリングになって、素直になったときによく出てくる言葉。

「先生、何をしてもうまくいかない。私は本当にだめな人間なんです。みんなから嫌われている。私の居場所なんてない。死んだほうがましだ」
でも、数々の失敗を重ねてきた僕には、とてもそうは思えない。
彼、または彼女の話をゆっくり聞いた後、僕はきっとこういうに違いない。
「うまくいかないことは一杯あるよね。僕もそうでした。今もそうです。
でもね、だからこそ、みんなで支え合って生きていこうとするんだと思います。
百点満点の命なんて、世の中にないと思うよ。
僕はね、やっぱり、六十五点の君が好き」

23・目に見えない力

あまりに突然だった。
ある日、地方新聞を見ていて、凍りついた。
そこに書いてあったのは、あの大好きだった校長先生の訃報《ふほう》だった。

僕に初めて、教員としての物の見方を教えてくれ、教員としての覚悟を教えてくれた、大恩人だった。病気でいることすら、知らなかった。祖母と同じ病だった。すぐに嫁さんと車を飛ばして、校長先生の家に向かった。「えっと、えっと、最後に話したのはいつだったたっけ……」

思い出せなかった。

校長先生の家に着いた瞬間、僕は涙が止まらなくなった。

なぜって、たった十五分だったのだ。僕の家から校長先生の家まで。

そのたった十五分を僕は、何十年も訪ねようとしなかった。忙しいから、暇がないから、と。いつでも会える。そのうち、こちらが暇になったら、ゆっくり会いに行こう。そのほうが、きっと校長先生も喜んでくれるから、と。

そして、結局は、あれほど、大切な教えをくださった校長先生に僕は会いに行かなかった。もう生涯会うことができなくなった。

お通夜《つや》が済み、家族だけになった校長先生のご自宅の棺《ひつぎ》の前で、僕は、泣きながら手を合わせた。

「校長先生、ごめんなさい。また、ぼくは失敗をしてしまった」

すると、校長先生の奥様が、話してくれた。

「加藤さん。来てくれて、本当にありがとうございました。うちの人は、いつもあなたを自慢していましたよ。

加藤さんが新聞にコラムを連載したとき、いつも新聞を見せて、『ほら、加藤くんがこんな良いことを言っている』『おい、加藤くんが、また出てるぞ』と喜んでいました。最後は、もう話すこともままならない様子でしたけど、あなたの記事を読み続けて、指を指し、私に教えてくれました」

（そんなこと、考えてもみなかった。僕は、どうしてこうも同じ失敗を続けるのだろう）

いろんな思いがぐるぐる頭を回って、言葉が出なかった。


もし、この本を読んでくださっている皆さんの中に、誰か会いたい人がいて、その人にいつでも会えると思っているとしたら、それは、おそらく間違っていると思う。

突然、会えなくなる。会いたいと思ったら、この本はとりあえず脇に置いて、今、すぐその人に会いに行ってくれるといい。一緒の時間を少しでも長く楽しく過ごしてほしい。声を聞きたいと思ったら、迷わず電話して、楽しいおしゃべりをしてほしい。

「いつでも会える」と大切な人への時間を惜しむことは、「永遠に会えなくなる」ことと同じ意味なのだ。

もし、この本を読んでくださっている皆さんの中に、自分は一人ぼっちだと思っている人がいたら、それもおそらく間違っていると思う。

後である先生から聞いた話だけど、

「うちの学校に自転車で、ふらふらと一人のおじいさんがやってきたの。こんなご時世なので、もしかして不審者か、とみんなで緊張したら、私はかつてここで校長だった者です。この本はとても良い本だから、ぜひ職員の皆さんで読んでほしい。ただ、子ども達の様子も出ているから、取り上げ方は子ども達のためになるように十分配慮して。と言って、加藤さんの書いた『どんぐり亭物語』を五冊置いていったの」

亡くなった校長先生だった。

僕は、そんなことが自分の周りで起きているなんて露《つゆ》ほども気がつかなかった。また心の中で校長先生に手を合わせた。

新聞のコラムだって、前にどんぐり亭に取材に来てくださった記者さんがとても良い人で、断れなくてうろたえながら引き受けたものだし、本の執筆だって、保江邦夫先生に学んだ活人術を使って、子ども達が変化している様子をメールでお知らせしていたら、子ども達のことを「ぜひ、本にして」と言われ、あれだけ世話になった保江先生からの依頼だから、とドキドキしながら書いたものだった。

もちろん、引き受けたからにはベストは尽くした。しかし正直にいえば自分から進んで取りにいった仕事ではなかった。

それを、知らないところでたくさんの人たちが受け止めてくれ、そっとエールを送ってくれていた。毎日の仕事の合間をぬって、一人ぼっちで夜中書き続けて、ときには引き受けたことを後悔もしたけれど、やってよかったと思った。

自分の知らないところで、たくさんの人たちが想いを送ってくれている。自分でも気がついていないそのみんなの励ましが、自分を生かしているのかもしれない。

人はみんな心に一つの愛情のコップを持っている。不登校や問題行動が起きている子たちは、その水が減ってしまっている。周りの励ましや自分の気づき、様々な方法で、その水が増えていく。その水があふれたとき、子どもは立ち直る。

実は、大人も同じだ。自分で何かに立ち向かうとき、その水を使って、立ち向かう。たくさんの愛情のこもった言葉や家族との思い出、忘れられない経験。それが、生まれてきてよかったねというコップに貯まる。そうやって自分の中に貯まった水を使って、困難に立ち向かう。

その愛情の水は、必ずしも自分が気づいているものばかりではないと思う。

なかなか会えないけれど、遠くで、近くで、そっとあなたの幸せを祈ってくれている人がきっといる。あなたを愛してくれている人がきっといる。今、傷ついていたら、その回復を心から信じている人がきっといる。

それは、遠くの田舎に暮らすおじいちゃん、おばあちゃんかもしれない。昔、別れた恋人かもしれない。転校していった同級生かもしれない。

僕にとっての校長先生みたいな人が、きっといる。

その人たちが、あなたの愛情のコップに水を満たしてくれている。

この世の中は、目に見えない善意の力に満ちている。

風雲舎の本

わが道はチベットに通ず
――盲目のドイツ人女子学生とラサの子供たち――

サブリエ・テンバーケン
平井吉夫［訳］

チベットに盲学校をつくった盲人女子学生の喜び。ラサの子供たちは、勇気と誇りを学んだ。目は見えなくても心で見ればすべてがよく見えるのだから。あったかいものがこみ上げてくる一冊。

四六判上製◎［本体１８００円＋税］

あなたも作家になろう
――書くことは、心の声に耳を澄ませることだから――

ジュリア・キャメロン
矢鋪紀子［訳］

書くことは、ロックのライブのようなものだ。ただ汗であり、笑いなのだ。小綺麗にまとめたり完璧である必要はない。エネルギー、不完全さ、人間性、それが、書くことだ。

四六判並製◎［本体１６００円＋税］

ストン！
――あなたの願いがかなう瞬間《とき》――

藤川清美

念じつづければ願いがかなう。それがストン！だ。「潜在意識」にお任せし、ひらめき（シンクロニシティ）をつかめば、きっとあなたにも成功が待っている。

四六判並製◎［本体１４００円＋税］

続 ストン！
――あなたの願いがかなう瞬間《とき》――

藤川清美

自分の願いを口に唱え、紙やノートに書き、潜在意識にねばり強く刷り込んでいく――
すると、願いがかないます。
これは、最強の願望達成術です！

四六判並製◎［本体１４２９円＋税］

さぁ、出発だ！
――16年かかったバイク世界一周――

クラウディア・メッツ＋クラウス・シューベルト
スラニー京子［訳］

夢は追っかけてみるもんだ。
追っかけたら、夢が夢でなくなった。

四六判並製◎［本体２０００円＋税］

風雲舎の本

腰痛は脳の勘違いだった
——痛みのループからの脱出——

戸澤洋二

腰が痛い。あっちこっちと渡り歩いた。どこの誰も治してくれなかった。自分でトライした。電気回路的に見直したのだ。激痛は、脳の勘違い——脳が痛みのループにはまり込んでいたのだった。

四六判並製◎［本体1500円＋税］

愛の宇宙方程式
——合気を追い求めてきた物理学者のたどりついた世界——

保江邦夫（ノートルダム清心女子大学教授）

活人術の世界へようこそ。ここには愛があふれています。生き方がガラっと変わります。活人術は、そっとそこにいて、相手に気づかれず、天の恵みを注ぎ、森を育てる小ぬか雨です。

四六判並製◎［本体1429円＋税］

人を見たら神様と思え
——「キリスト活人術」の教え——

保江邦夫（ノートルダム清心女子大学教授）

念じつづければ願いがかなう。それがストン!だ。「潜在意識」にお任せし、ひらめき（シンクロニシティ）をつかめば、きっとあなたにも成功が待っている。

四六判並製◎［本体1400円＋税］

予定調和から連鎖調和へ
——アセンション後、世界はどう変わったか——

保江邦夫（ノートルダム清心女子大学教授）

世界が変わった! そこは、連鎖調和から生まれる願いがかなう世界。
そこは、時空を超えた調和のあるいい世界。
僕らは今、その裂け目の真っただ中にいる!

四六判並製◎［本体1429円＋税］

神様につながった電話
——我を消すと、神が降りてくる——

保江邦夫（ノートルダム清心女子大学教授）

サムハラ龍王、次いでマリア様の愛が入ってきた。
神のお出ましは何を示唆しているのか。
——時代は急を告げている!

四六判上製◎［本体1500円＋税］

加藤久雄（かとう・ひさお）

1961年群馬県生まれ。同志社大学卒業。三十年にわたり群馬県下の公立小学校に勤務。現在は高崎市立東部小学校教諭。日本樹木保護協会認定樹医２級。TFT上級セラピスト。学生時代より、アフリカ、アマゾン、北極等、世界の自然と出会う旅を続け、その経験をもとに自然学舎「どんぐり亭」を開設。人間を含めた自然の不思議、怖さ、すばらしさを、不登校の子や親たちと一緒に学び、眠っていた生きる力を引き出すワークを主宰中。自然の力を借りた独特のカウンセリングによって、多くの人たちが学校や職場への復帰を果たし、子育てへの自信を回復している。著書に『どんぐり亭物語』（海鳴社）。

65点《てん》の君《きみ》が好《す》き

初刷　2015年1月26日

著者　加《か》藤《とう》久《ひさ》雄《お》

発行人　山平松生

発行所　株式会社　風雲舎

〒162-0805　東京都新宿区矢来町122　矢来第二ビル
電話　〇三-三二六九-一五一五（代）
FAX　〇三-三二六九-一六〇六
振替　〇〇一六〇-一-七二七七七六
URL　http://www.fuun-sha.co.jp/
E-mail　mail@fuun-sha.co.jp

印刷　株式会社ワイズファクトリー
製本　株式会社　難波製本

落丁・乱丁本はお取り替えいたします。（検印廃止）

ISBN978-4-938939-78-6